LA MARAVILLA DE LA CREACIÓN

100 DEVOCIONALES MÁS ACERCA DE DIOS Y LA CIENCIA

LOUIE GIGLIO

CON TAMA FORTNER

ILUSTRADO POR NICOLA ANDERSON

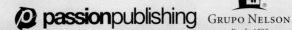

passion publishing   GRUPO NELSON
Desde 1798

CONTENIDO

INTRODUCCIÓN

¡Hola, explorador!

Soy el pastor Louie. Desde que era pequeño, me fascinan la ciencia y el espacio, ¡y me maravillo ante Dios y *todo* lo que creó! Si ya leíste mis otros dos libros sobre la ciencia y la fe —*Indescriptible* y *Cuán grande es nuestro Dios*—, o si recién llegas a esta gran familia indescriptible, ¡bienvenido! ¡No veo la hora de empezar esta nueva aventura y explorar juntos la maravilla de la creación! Soy una persona curiosa y apuesto a que tú también. Por ejemplo, ¿alguna vez te preguntaste por qué los gatos tienen bigotes? O tal vez te has preguntado por qué las mejillas se te ponen calentitas y rojas cuando te sientes avergonzado. O quizás te preguntaste cómo se llama cuando un gran tornado se mezcla con un incendio descontrolado (es bastante lógico: ¡tornado de fuego!). Para todas las preguntas que puedes tener, hay Alguien que tiene las respuestas... ¡Dios! Él hizo todo en este planeta y en todas las galaxias, y aquí está la parte más increíble: ¡nos invita a cada uno de nosotros a hacer todas las preguntas que queramos y a descubrir la maravilla de la creación!

Estas páginas están llenas de cien devocionales fascinantes y divertidos sobre la belleza que Dios creó intencionalmente en todo el universo. Podríamos escribir millones de devocionales sobre Dios, y apenas llegaríamos a rascar la superficie de lo maravilloso que es en verdad. Por más que seguimos descubriendo cosas sobre el espacio, la Tierra, los animales y las personas, ¡sigue habiendo un sinnúmero de tesoros para encontrar! Desde cascadas altísimas hasta olas imponentes, y desde picos montañosos hasta los pastos verdes en las praderas, ¡todo lo que Dios hizo desborda con maravillas y nos muestra cuán grande es Él!

Volví a invitar a algunos amigos geniales y de confianza para que nos acompañen en este viaje. Conoce a seis niños que están explorando y creciendo igual que tú: Evyn, Raz, Norah, Joshua, Clarke y Adelynn.

A lo largo de este libro, concentraremos la mente y el corazón en el aprendizaje de lo que Dios hizo, al leer acerca de distintas partes de su creación,

desenterrar datos científicos fabulosos, hablar con Él en oración y profundizar nuestro conocimiento para entender la genialidad de nuestro Dios. Mi esperanza es que, a medida que te sumerjas en estas páginas, veas la conexión inspiradora entre el mundo que te rodea y el Dios que lo creó.

Si quieres concentrarte en una parte específica de la creación, ¡siéntete en libertad de ir saltando por las distintas partes del libro! Hablaremos de cuatro temas principales; puedes encontrarlos en las siguientes páginas:

Me alegro mucho de que me acompañes en esta exploración. Antes de empezar, prepárate para asombrarte y para que tus ojos se abran a esta verdad: Dios entretejió maravillas increíbles en toda la creación. Así que empecemos a descubrirlas.

¡Disfruta de la aventura que tenemos por delante!

Pastor Louie

ACÉRCATE UN POQUITO

Entonces [Jesús] les abrió el entendimiento
para que comprendieran las Escrituras.

LUCAS 24:45

Algunos científicos dicen que sabemos más sobre la superficie de Marte que sobre el fondo de los océanos. Sin embargo, la Oficina Nacional de Administración Oceánica y Atmosférica (NOAA, por sus siglas en inglés) está trabajando para cambiar eso.

En 2009, la NOAA lanzó el barco *Okeanos Explorer* para catalogar y explorar el suelo oceánico. Un vehículo de control remoto, llamado *Deep Discoverer,* se sumerge a 19.000 pies bajo el agua. (¡Eso es más de cinco kilómetros de profundidad!). En el camino, toma fotografías, recolecta muestras y descubre criaturas como el *Duobrachium sparksae* (una nueva especie de medusa peine), ¡y un octópodo «fantasmagórico» que nadie había visto jamás!

Cada año, *Okeanos* mapea entre 59.000 y 98.000 kilómetros cuadrados. Pero como el océano mide más de 360 millones de kilómetros cuadrados, todavía les queda mucho terreno —digo, agua— por cubrir. Los satélites espaciales pueden darnos un estimado de lo que hay allí. Pero para encontrar los detalles, los exploradores tienen que sumergirse y acercarse un poquito más.

Esto también se aplica a Dios. Si tan solo lo «miramos» en la iglesia una vez a la semana, podemos aprender algunas cosas sobre quién es Él. ¡Y eso es genial! Pero para encontrar los detalles, nosotros también tenemos que sumergirnos en su Palabra y acercarnos un poquito más. Eso significa buscar palabras que no sabemos, pedir ayuda con versículos que no entendemos y hablar con Dios acerca de lo que significa todo esto. Si te propones descubrir más sobre Dios, te encontrarás con Aquel que es más maravilloso que cualquier cosa que podrías descubrir aquí en la Tierra... e incluso en el fondo del océano.

Dios, quiero conocerte profundamente. Ayúdame a completar los detalles y entender lo que leo en tu Palabra. Amén.

¿Hay lirios debajo del mar? Algo así. Estas «flores» surgieron hace muchos años, cuando la actividad volcánica en el Golfo de México empujó chorros de un alquitrán espeso a través de grietas en el suelo del océano (como cuando aprietas plastilina entre tus dedos). A medida que la brea se enfrió en el agua, adoptó la forma de pétalos de flor enormes, así que los científicos los llamaron «lirios de alquitrán».

UN PLAN
Y UN PROPÓSITO

El Señor cumplirá en mí su propósito...

SALMOS 138:8

Puede parecer un poco asqueroso, pero ¿sabías que, dentro de tu cuerpo, hay una bolsita con forma de gusano? Mide entre cinco y diez centímetros, y los científicos no sabían para qué estaba ahí... hasta hace poco. Esa bolsita se llama *apéndice*. Está unida a tu intestino grueso, el cual está unido al intestino delgado (que mide casi siete metros de largo), que a su vez está unido al estómago. ¡Vaya!

Todos esos órganos trabajan juntos para digerir tu comida... excepto el apéndice. Durante años, los científicos pensaron que el apéndice no tenía ningún propósito. Pero ahora, creen que, en realidad, es muy importante. Almacena bacterias buenas (no las malas que te hacen enfermar), lo cual es importante porque tu sistema digestivo necesita bacterias buenas para deshacer tu comida. Pero cuando te enfermas, en especial con un dolor de estómago, las bacterias buenas pueden terminar saliendo de tu cuerpo. ¡Ahí es donde el apéndice viene al rescate! Libera las bacterias buenas y permite que tu sistema digestivo vuelva a funcionar bien.

Bueno, pensémoslo un poco. Si Dios tiene un propósito tan importante para una bolsita tan pequeña y parecida a un gusanito en tu panza, ¡imagina lo que tendrá planeado para todo tu cuerpo! Dios te creó y te puso en esta época y este lugar por una razón. Y usará todo lo que sucede en tu vida (sí, incluso las cosas que no parecen tener un propósito ahora) para ayudarte a crecer y aprender, y poder llevar a cabo su plan para ti. Algunos días, puede ser difícil verlo, ¡pero nunca dudes de que Dios tiene un plan y un propósito creados solo para ti!

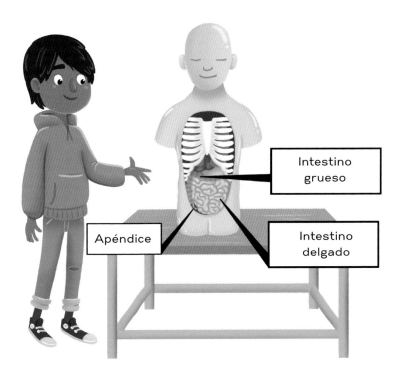

Intestino grueso

Apéndice

Intestino delgado

Señor, sé que tienes planes buenos para mí... planes que mostrarán lo maravilloso que eres. Por favor, muéstrame el próximo paso que debo dar. Amén.

EXPLORA LAS MARAVILLAS

¿Alguna vez te preguntaste cómo pasa la comida por tu sistema digestivo? ¡Fuerza muscular! Ondas de movimientos musculares (algo similar a las olas del océano) empujan la comida por tu esófago al estómago, y después a través de los intestinos. Eso se llama peristalsis. Como se usa la fuerza muscular en lugar de la gravedad, ¡podrías digerir la comida incluso parado de cabeza!

PERDIDO Y ENCONTRADO

[El Señor] tiene paciencia con ustedes, porque no quiere
que nadie perezca, sino que todos se arrepientan.

2 PEDRO 3:9

Nadie ha visto un sengi somalí desde 1973. *¿Qué es un sengi somalí?*, preguntarás. Es una especie de musaraña elefante. Sí, tiene el tamaño de un ratón, pero realmente *está* relacionado con el elefante... ¡si no, mira su nariz alargada!

Durante casi cincuenta años, los científicos creyeron que el sengi somalí se había extinguido. Sin embargo, se escuchaban rumores de personas que habían visto estos animalitos en las tierras rocosas de Yibuti, en África. Así que, en 2019, los científicos pusieron unas 1.200 trampas para encontrarlos. Como carnada, usaron una mezcla de mantequilla de maní, avena y levadura. ¡Resulta que a los sengis les encanta la mantequilla de maní! Los científicos atraparon (y luego liberaron) a doce sengis somalíes. Habían encontrado al animal que todos pensaron que se había perdido.

Los científicos no querían que el sengi somalí se perdiera, y Dios tampoco quiere que tú ni nadie se pierda. No se trata de «perderse» como uno se puede perder en una ciudad. «Perderse» en este sentido significa que una persona no ha confiado en Dios para que sea el Señor de su vida. Por eso Dios nunca deja de buscarnos y de seguirnos con su amor. A veces, lo hace de maneras sorprendentes, como cuando envió a Jesús a salvarnos de nuestros pecados. Y otras veces, en formas más pequeñas, como cuando envía a un amigo a recordarnos cuánto Él nos ama.

Dios nunca se da por vencido con nadie... ni con el vecino entrometido, ni con el chico que reparte la *pizza*, ni con ese niño malo en el autobús, y por supuesto, tampoco contigo. Siempre está obrando, buscando y persiguiendo, ¡porque quiere que absolutamente todos sean encontrados y lo sigan a Él!

Dios, quiero parecerme más a ti. Ayúdame a no dejar nunca de mostrarle al mundo cuánto amas a todos los que viven en él. Amén.

EXPLORA LAS MARAVILLAS

¿Qué tienen los animales pequeñitos que hace que sean irresistibles? Como el jerbo pigmeo de Baluchistán (también conocido como jerbo enano de tres dedos). Este pequeñín anda a saltos por los desiertos de Paquistán, como si fuera un canguro en miniatura. Es el roedor más pequeño del mundo, con un cuerpito de menos de cinco centímetros y una cola de 7,5 centímetros de largo. ¡Además, pesa apenas un poquito más que una moneda de un centavo!

TORNADO DE FUEGO

No temas, porque yo estoy contigo...

ISAÍAS 43:5

Todos estamos de acuerdo en que un incendio salvaje, repentino e inesperado es algo malo. También sabemos que un tornado es algo terrible. Pero ¿y si se combinan las dos cosas? Ahí todo va de mal en peor... ¡y se llama tornado de fuego!

Los tornados de fuego son torres inmensas y serpenteantes de fuego. Mientras que los tornados se forman en el cielo, los tornados de fuego se forman más cerca de la tierra. A medida que crece el aire caliente y seco de un incendio descontrolado, a veces el aire empieza a girar. Cuando lo hace, no solo puede levantar tierra y palos, sino también fuego, ¡creando un tornado de fuego!

Los tornados de fuego pueden medir apenas unos centímetros o llegar a tener más de 150 metros de ancho. En general, duran unos pocos minutos, ¡pero uno de los tornados de fuego más grandes que se registraron duró casi una hora y se extendió a 5.500 metros en el aire! Los tornados de fuego arrojan chispas para todos lados, así que son sumamente peligrosos para los bomberos. Cuando todo va de mal en peor en tu mundo, tal vez te preguntes: «¿Dónde está Dios?». La respuesta es que está contigo, ¡incluso en medio del fuego! Mira la historia de Sadrac, Mesac y Abednego (Daniel 3). El rey les ordenó que se inclinaran ante una estatua de oro y la adoraran, pero ellos se negaron. Solo adorarían a Dios. Entonces, el rey los hizo arrojar a un horno ardiente como castigo. Pero cuando el rey miró el fuego, vio a *cuatro* hombres, en lugar de tres, caminando dentro del horno. Dios no dejó a Sadrac, Mesac y Abednego solos en aquel fuego. Y cuando salieron, ¡ni siquiera tenían olor a humo!

Cuando todo va de mal en peor en tu mundo, puedes recordar a Sadrac, Mesac y Abednego, ¡y saber que Dios estará contigo en el fuego también!

Dios, incluso cuando todo va de mal en peor y parece que me rodea el fuego, sé que estás conmigo. Confiaré en tu protección en medio del fuego. Amén.

¿Están lloviendo... *peces?* Eso pasó en Tampico, México, en 2017. Durante una lluvia, cayeron pequeños peces al suelo. Y en 2005, en la ciudad de Odžaci, en Serbia, ¡llovieron ranas! ¿Por qué caen peces y ranas del cielo? Los científicos creen que tal vez algún tornado o huracán pasajero los absorbió. Entonces, cuando la tormenta perdió fuerza, los peces y las ranas «llovieron» desde arriba.

A LA DERIVA

Me buscarán y me encontrarán cuando
me busquen de todo corazón.

JEREMÍAS 29:13

La Tierra no es el único planeta en nuestro sistema solar que tiene una luna. Es más, todos los planetas importantes de nuestro sistema solar tienen luna excepto Mercurio y Venus. ¡Saturno incluso tiene 82 lunas! Y una de ellas, Titán, está a la deriva. Sin embargo, no hay por qué preocuparse. Es algo muy común en las lunas.

Los astrónomos sabían que Titán se estaba alejando cada vez más de Saturno. Pero está sucediendo mucho más rápido de lo que pensaban. Cada año, se aleja diez centímetros. Bueno, en realidad no es para tanto, ya que Titán se encuentra a más de 1.200.000 *kilómetros* de Saturno.

¿Cómo descubrieron los astrónomos la rapidez con la que Titán se estaba alejando? La nave espacial *Cassini* pasó trece años orbitando Saturno (dando vueltas a su alrededor) y envió muchas fotos e información sobre Titán mientras estaba «en el vecindario». Que Titán se esté alejando más rápido de lo que los científicos pensaban significa que todo nuestro sistema solar tal vez se haya creado mucho más rápido de lo que creían; en un instante, cuando «Dios, en el principio, creó los cielos y la tierra» (Génesis 1:1).

Aunque el alejamiento de Titán no es motivo para preocuparse, sí debería preocuparnos alejarnos de Dios. ¡Puede pasar con tanta facilidad! Tal vez empiece con algo pequeño, como dejar de leer la Biblia o de orar un día que estás muy ocupado. Pero después, ese día se transforma en dos o tres, después en una semana, y al final ya no recuerdas cuándo fue la última vez que te sentaste con Dios y su Palabra. Sin embargo, a diferencia de las lunas, nosotros sí podemos volver a Dios. Cuando lo buscamos, ¡lo encontramos! Empieza con una oración, y después sumérgete en la Biblia. ¡Él te está esperando ahí!

Dios, muéstrame si me empiezo a alejar de ti, y ayúdame a regresar a tu presencia. Amén.

EXPLORA LAS MARAVILLAS

La luna de la Tierra también se está alejando, pero no tan rápido como Titán. Nuestra luna tan solo se desliza entre dos y cuatro centímetros cada año. Como ya está a 385.000 kilómetros de distancia, los científicos creen que disfrutaremos de noches llenas de luz de luna durante varios millones de años más.

¡ESTRESADO!

No se ocupen solo de sus propios
intereses, sino también procuren
interesarse en los demás.

FILIPENSES 2:4, NTV

¡E**strés!** Probablemente hayas escuchado esa palabra alguna vez... o quizás, miles de veces. Esto se debe a que todas las personas, grandes o pequeñas, tienen estrés en sus vidas. Entonces, ¿qué es el estrés? El estrés

es la manera en que tu cuerpo reacciona a lo que estás pensando y sintiendo. En realidad, empieza en tu cerebro. Cuando te sientes preocupado, nervioso, afligido, temeroso o enojado por algo, tu cerebro le envía un mensaje a tu cuerpo: «¡Oye, me siento un poco estresado por aquí!». Entonces, el cuerpo empieza su «respuesta al estrés».

La respuesta de cada persona frente al estrés es un poco distinta. Tal vez te suden y te tiemblen las manos. Quizás te duela la panza. Te puede latir rápido el corazón, tal vez te cueste dormir o te tiemble la voz al hablar. Cuando estés estresado, respira bien hondo. Hazlo varias veces. A continuación, piensa un poco para descubrir qué está causando ese estrés. ¿Tienes algún examen importante que rendir? ¿Tal vez alguna prueba para entrar a un equipo deportivo? ¿Tendrás que ir a un campamento solo? Si puedes hacer algo al respecto, hazlo. Estudia, practica o empaca algún otro repelente para insectos. Después, deja de pensar en ti mismo y concéntrate en los demás.

Si te sientes muy estresado, intenta hacer algo de ejercicio. Los científicos han descubierto que cuando hacemos ejercicio nuestro cuerpo crea endorfinas. Estas le envían un mensaje a tu cerebro que dice: «¡Oye, me siento muy bien!». Así que, cuando el estrés te golpee, levántate y baila o ve a correr un rato. ¡Puedes invitar a algún amigo para divertirse juntos!

Por ejemplo, si estás nervioso por ir a ese campamento nuevo, lo más probable es que otra persona también sienta estrés por lo mismo. Ofrécele una palabra de ánimo. Sonríe, salúdala y sé su amigo. Cuando piensas en los demás en vez de en ti mismo, enseguida empiezas a sentirte mucho mejor, ¡y ayudas a otra persona! Jesús diría que esto es «interesarse en los demás». ¡Él era un gran ejemplo de esto!

Señor, ayúdame a pasar menos tiempo pensando en mí y más tiempo pensando en los demás. Amén.

7

¡MUÉSTRAME EL CAMINO!

**El más importante entre ustedes
será siervo de los demás.**

MATEO 23:11

Escalar el monte Everest, una de las montañas más altas del mundo, lleva semanas en medio de hielo y nieve. Hay rocas que se caen, avalanchas, vientos de 300 kilómetros por hora, ¡y arañas que saltan! ¡¿Qué?! La subida es increíblemente difícil, y no hay ningún cartel que diga: «Camine hacia allí» para ayudarte. Entonces, ¿cómo se llega a la cima? Necesitas a alguien que te indique el camino. ¡Necesitas un sherpa!

Los sherpas son personas que viven en las regiones montañosas de Nepal, cerca del monte Everest. (Ellos lo pronuncian «sherwa» en vez de «sherpa»). Se les conoce por sus habilidades increíbles para escalar. No solo dominan bien el camino para subir la montaña, sino que también saben lo que necesitas para llegar ahí, y hasta te ayudan a llevarlo.

Sin embargo, los sherpas no siempre escalaron montañas. Es más, empezaron cultivando la tierra, criando ganado e hilando lana. Pero cuando las personas empezaron a escalar el monte Everest, contrataron a los sherpas para que las guiaran, porque conocían la zona. Los sherpas *aprendieron* a ser líderes. Y tú también puedes aprender.

Para ser un gran líder, recuerda lo siguiente: liderar no se trata de ser el jefe o de decirles a todos qué tienen que hacer. Se trata de ayudarlos a encontrar el camino. Esto puede significar mostrarle a un chico nuevo cómo llegar al comedor de la escuela e invitarlo a sentarse contigo, ayudar a un viejo amigo a decirles a sus padres que se equivocó, o llevar a alguien a conocer a Jesús.

Jesús vino a guiarnos a nuestro hogar en el cielo, pero lo hizo ayudando y sirviendo a las personas que lo rodeaban. Sigamos su ejemplo y aprendamos a ser líderes que sirven.

Dios, quiero ser como Jesús y guiar a otros hacia ti. Muéstrame a quién puedo servir hoy y cómo puedo ayudarlo a encontrar su camino. Amén.

EXPLORA LAS MARAVILLAS

Miles de personas han intentado escalar el monte Everest, ¡y han dejado atrás muchos trastos! Botellas vacías de oxígeno, tiendas, equipos perdidos, y simplemente basura. En 2019, los sherpas y otras personas limpiaron once toneladas de basura de la montaña. Cuando salgas a la naturaleza (o incluso si vas por la ciudad), ¡asegúrate de no dejar nada tirado!

PALABRAS EN LA RED

Sean, pues, aceptables ante ti mis
palabras y mis pensamientos, oh
Señor, roca mía y redentor mío.

SALMOS 19:14

Meterse a la red. Surfear en internet. Estas frases se escuchan mucho últimamente, así que tal vez pienses que la red e internet son lo mismo; pero no es así.

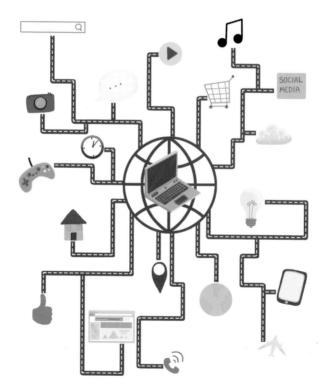

La internet es un circuito de computadoras unidas entre sí; la mayoría usa líneas telefónicas. Es como un montón de calles que zigzaguean por todo el mundo y conectan los distintos lugares unos con otros. Cosas como la Red Informática Mundial, los correos electrónicos y los mensajes de texto son como autos que viajan por los caminos de internet, llevando distinta clase de información. Las descargas digitales (como películas y música) son otra conexión; lo mismo pasa con las videollamadas con tu maestro o tus amigos.

Una de las maneras más populares de mover información en internet son los medios sociales. Puedes usar esa tecnología para conectarte con amigos que están cerca y lejos, ¡pero ten cuidado! Habla con tus padres antes de usar las redes sociales. Y si te permiten usarlas, ten en cuenta algunas reglas de seguridad. Por ejemplo, nunca compartas tu dirección ni tu número de teléfono, no te conectes con personas que no conoces y piensa siempre antes de publicar. ¿Por qué? Porque es muy fácil escribir algo que *jamás* le dirías a alguien en persona. Cuando publicas algo en línea, es como si colgaras un cartel gigante que todo el mundo puede ver. *Para siempre*. Porque, en realidad, las cosas nunca desaparecen de internet, incluso si las borras. Recuerda, cuando la Biblia nos dice que tengamos cuidado con nuestras palabras, ¡eso también incluye las palabras que escribimos!

¿Por qué usamos el símbolo @ en las direcciones de correo electrónico, como tunombre@tucorreo.com? Todo empezó en 1971, cuando Ray Tomlinson envió el primer correo electrónico. Necesitaba separar el nombre de la persona del nombre de la computadora donde estaba almacenada su cuenta de correo electrónico. Eligió «@». La llamamos «arroba». En holandés, es *apestaart,* o «cola de mono». Y en danés, es *snabel,* o «trompa de elefante». Eso hace que «arroba» parezca algo aburrido, ¿no?

Señor, ayúdame a elegir siempre mis palabras con cuidado, ya sea que esté hablando con alguien en persona o publicando algo en la red. Amén.

AHORA LO VES

Más valen dos que uno, porque
obtienen más fruto de su esfuerzo.

ECLESIASTÉS 4:9

La gente decía que era imposible. Pero los astrónomos (científicos que estudian el espacio) de todo el mundo empezaron a trabajar juntos, ¡y lo lograron! ¡Le sacaron una foto a un agujero negro! Está en una galaxia llamada M87, que se encuentra a 53 millones de años luz de la Tierra. (¡Tan solo un año luz es más de 9.460.000.000.000 de kilómetros!).

Los agujeros negros son lugares misteriosos en el espacio que se forman cuando muere una estrella. La gravedad de un agujero negro (la fuerza con la que tira) es muy fuerte. Es tan fuerte que, si cualquier cosa se acerca demasiado, el agujero se la chupa. ¡Ni siquiera la luz se salva! Eso es lo que hace que un agujero negro sea completamente, bueno, *negro*... e invisible en medio de la

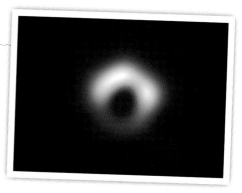

oscuridad del espacio. Es difícil sacarle una fotografía a algo invisible. Así que los astrónomos le sacaron una foto a un gas caliente y brillante que estaba siendo absorbido por un agujero negro. Una cámara no podía lograrlo por sí sola. Hicieron falta un montón de telescopios que trabajaron juntos para captar esta foto increíble. ¡El centro negro dentro del anillo de gases brillantes es el agujero negro!

Primera imagen de escala planetaria de un agujero negro en el centro de la galaxia M87

Al trabajar juntos, los astrónomos hicieron algo que nadie había logrado antes. Dios te ha dado talentos especiales, y puedes usarlos con el fin de hacer cosas maravillosas para Dios. Pero cuando trabajas junto con otros, puedes hacer cosas incluso más grandes que ayuden a más personas a aprender sobre Dios. Por ejemplo, hacer toda una obra de teatro de la Biblia para niños más pequeños, tener un día de servicio para ayudar a personas mayores con tareas del jardín, o ir a cantar villancicos a un hogar de ancianos (no importa si no es Navidad). Cuando trabajamos juntos para Dios, ¡suceden cosas increíbles!

Dios, se puede hacer más en tu nombre si trabajamos juntos que si trabajamos solos. Enséñame a trabajar bien con otros, para que más personas aprendan sobre ti. Amén.

EXPLORA LAS MARAVILLAS

El 24 de octubre de 1946, soldados y científicos trabajaron juntos para lanzar un misil que llevaba una cámara de cine. Esta sacó fotografías a 105 kilómetros por encima de la Tierra: el borde del espacio exterior. La cámara estaba envuelta en una caja de acero para mantenerla a salvo cuando se estrellara de regreso a la Tierra. Cuando los científicos revisaron la grabación, ¡pudieron ver la Tierra desde el espacio por primera vez!

¡BAJO ATAQUE!

Pero el Señor es fiel, y él los fortalecerá
y los protegerá del maligno.

2 TESALONICENSES 3:3

¡Aaa... *chú!* ¿Alguna vez te preguntaste por qué nos resfriamos? Es todo culpa de un germen llamado virus. Los virus no pueden vivir mucho tiempo fuera de nuestro cuerpo, así que su misión es meterse dentro de nosotros. Una vez adentro, el virus se pega a una célula. En realidad, es como si la raptara. Después, le inyecta instrucciones a esa célula que la obligan a hacer copias del virus. Entonces, esas copias salen y se apoderan de más células. En esencia, los virus son como una pandilla de chicos malos de tamaño microscópico.

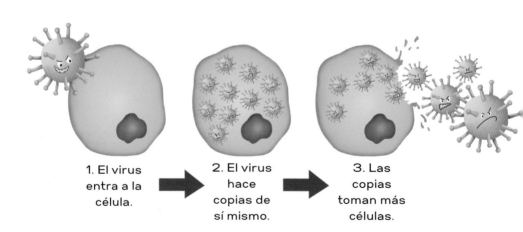

1. El virus entra a la célula.

2. El virus hace copias de sí mismo.

3. Las copias toman más células.

Pero Dios le dio a nuestro cuerpo todo un ejército de glóbulos blancos, cuya tarea es defendernos contra los virus y otros gérmenes. Constantemente están alertas, en busca de invasores. Cuando detectan uno, lo destruyen con armas llamadas anticuerpos. Una vez que los invasores se van, el «ejército» vuelve a descansar... todos menos unas pocas células de memoria. Estas «recuerdan» a ese invasor en particular y siempre lo están buscando. Si vuelve a aparecer, ¡pueden eliminarlo con tanta facilidad que tal vez ni nos enteramos de que estábamos enfermos!

Sin embargo, los gérmenes no son los únicos que pueden atacarnos. El diablo también nos ataca. Nos ataca con problemas, malos días y tentaciones, esperando que hagamos algo que está mal. Pero Dios nos dio una manera de luchar contra sus ataques. Se llama oración, y es el arma más poderosa de todas. Cuando oras, Dios te oye y viene a pelear por ti. Y después, al igual que las células de memoria, tienes los recuerdos de cómo Dios te ayudó en el pasado, ¡y sabes que lo volverá a hacer!

Señor, gracias por tu fidelidad, y por las maneras en que me proteges y me ayudas a permanecer fuerte. Amén.

Anticuerpos con forma de Y atacando a un virus y protegiendo la célula

¿Alguna vez escuchaste sobre la «inmunidad de rebaño»? Una pista: no tiene nada que ver con las ovejas. En cambio, cuando alguien se enferma de un virus y su cuerpo se defiende, esa persona se vuelve inmune a ese virus. Eso significa que no puede volver a enfermarse del mismo virus. Cuando la mayoría de las personas de una comunidad son inmunes, eso se llama inmunidad de rebaño.

TODO SUMA

Confía en el Señor y haz el bien...

SALMOS 37:3

¿Alguna vez escuchaste a alguien decir que estaba tan ocupado como un castor? Las personas asocian a los castores con el trabajo por una razón; estos pequeñitos siempre están trabajando en sus represas. Con mandíbulas poderosas y dientes superlargos, cortan árboles y ramas. Después, arrastran la madera al agua, la llevan flotando hasta el lugar de construcción y la apilan con lodo para construir una represa. La represa hace que el agua se acumule en una laguna profunda y tranquila. Entonces, los castores se sumergen en la laguna para escapar de depredadores como los coyotes, los lobos, los osos y las águilas. Viven en una madriguera en forma de cúpula encima de la represa. Estas madrigueras suelen tener una entrada debajo del agua y dos lugares separados: uno para secarse y otro para vivir. Qué inteligente, ¿no?

Con palitos y lodo, los castores pueden cambiar su ambiente por completo, transformando un bosque o una pradera en una laguna. Esto prueba que algo muy pequeño puede marcar una diferencia inmensa. Se parece a los

buenos hábitos, que son esas pequeñas cosas que hacemos todos los días sin darles demasiada importancia. Tal vez sea leer la Biblia todas las mañanas, decir una oración antes de ir a dormir, recoger la basura donde la ves o hacer al menos algo lindo por alguien cada día. Quizás creas que esos «pequeños» hábitos no marcan una diferencia, pero sí lo hacen. Nos ayudan a recordar que hablemos con Dios y nos ocupemos de su pueblo y su creación todos los días. Y todo esto se va sumando y marca una gran diferencia en nuestro mundo. Entonces, ¿qué «pequeño» hábito podrías empezar hoy?

Señor, ¿hay algo pequeño que pueda empezar a hacer hoy para marcar una gran diferencia en mi vida y en el mundo que me rodea? Amén.

EXPLORA LAS MARAVILLAS

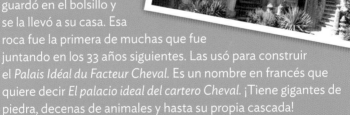

En Francia, en 1879, el cartero Ferdinand Cheval divisó una roca tan interesante que la guardó en el bolsillo y se la llevó a su casa. Esa roca fue la primera de muchas que fue juntando en los 33 años siguientes. Las usó para construir el *Palais Idéal du Facteur Cheval*. Es un nombre en francés que quiere decir *El palacio ideal del cartero Cheval*. ¡Tiene gigantes de piedra, decenas de animales y hasta su propia cascada!

¡TARRAN LENTo!

… pondré en ellos un espíritu renovado. Les
arrancaré el corazón de piedra que ahora
tienen, y pondré en ellos un corazón de carne.

EZEQUIEL 11:19

Imagina no ver nada a tu alrededor más que capas gigantes de hielo! *¡Brrr!* Es exactamente lo que se encuentra en partes de Alaska, Groenlandia y otros lugares. Se llaman glaciares, y pueden extenderse kilómetros y kilómetros. Los glaciares son masas de nieve y hielo que se forman donde cae la nieve con más rapidez de lo que puede derretirse. Durante cientos de años, toda esa nieve es presionada para formar bloques que pueden medir más de quinientos metros de ancho.

Quizás no lo sabías, pero los glaciares se mueven. La gravedad los hace bajar de las montañas. Sin embargo, no esperes ver a alguno pasar por ahí... si creías que las tortugas se mueven lento, los glaciares les ganan. Algunos solo se mueven un par de centímetros por día. El más rápido es el de Groenlandia, y se mueve menos de trece kilómetros al año. Si condujeras así de «rápido», ¡te llevaría 365 años cruzar Estados Unidos!

Los glaciares se mueven bastante lento, pero a veces parece que el corazón se mueve incluso más lento. No me refiero a la velocidad a la que late; estoy hablando de cómo cambia. Tal vez hace semanas que le sonríes a ese vecino gruñón y todavía no te respondió con una sonrisa. O saludas a un niño malhumorado en el autobús todos los días, pero nunca te devuelve el saludo. O quizás hace mucho que le hablas de Jesús a tu amiga, pero ella no quiere ir a la iglesia. No te rindas. No dejes de amar, de interesarte o de intentarlo. Dios está usando tu bondad para mover y cambiar el corazón de otras personas... incluso cuando parezca más lento que el movimiento de un glaciar.

En la costa de la Antártida, hay un «barco de hielo» de 122 metros de largo. Puedes verlo en Google Maps en 66°54'18.2"S 163°13'37.0"E, usando la vista satelital. ¿Qué está haciendo un barco ahí? Algunas teorías locas dicen que les pertenece a los nazis o a los extraterrestres. Pero la NASA afirma que probablemente es un iceberg con forma extraña, y un ejemplo de *pareidolia*. Se llama así cuando la gente ve formas donde en realidad no existen... como cuando vemos castillos o ponis en las nubes.

Señor, sé que tu amor puede mover montañas. Ayúdame a confiar en que estás obrando, incluso si no veo que nada cambie a mi alrededor. Amén.

13

UN ATERRIZAJE SUAVE

Podrá tropezar, pero no caerá, porque
el Señor lo sostiene de la mano.

SALMOS 37:24

Imagina cómo sería pasar a toda velocidad por la superficie de Marte, a más de 1.500 km/h (kilómetros por hora). ¡Es más rápido que la velocidad del sonido! Parece que te estrellarás, pero segundos más tarde... ¡fiuuu! Tu paracaídas se abre y amortigua tu caída, bajando la velocidad a 320 km/h. Los propulsores de los cohetes te guían el resto del camino hasta aterrizar suavemente. ¿Te parece una locura? Eso fue exactamente lo que sucedió cuando el robot explorador Perseverance aterrizó en Marte en febrero de 2021 (mira la página 132).

El paracaídas del Perseverance fue el más grande que se usó para una misión a Marte. Medía veintiún metros de ancho, como dos ómnibus estacionados uno detrás del otro. Este paracaídas especial para el espacio estaba hecho de un nailon liviano pero superfuerte, Technora (¡más fuerte que el acero!) y Kevlar (lo que se usa para hacer los chalecos antibalas). El paracaídas funcionaba al «atrapar» el aire y aminorar la caída del Perseverance. Como hay muy poco aire para «atrapar» en Marte, unos pequeños propulsores de cohete aminoraron aún más la caída para que el explorador aterrizara con suavidad.

El explorador Perseverance de la NASA en Marte

¿Alguna vez sientes que estás cayendo y a punto de estrellarte? Quizás cuando estudias mucho pero aun así te va mal en el examen, o cuando tus padres pelean y pelean. Confía en Dios para que te ayude a aterrizar suavemente. Tal vez eso signifique que tu problema se soluciona y desaparece. O quizás, Dios te ayuda a atravesarlo. Su «paracaídas» puede parecerse a un hombro sobre el cual apoyarte, a una nota de parte de un amigo o un versículo bíblico que el Señor desliza en tu día. Cuando sientes que estás a punto de estrellarte, sigue aferrándote a Dios, y Él te ayudará a aterrizar suavemente.

Dios, gracias por estar siempre ahí para atajarme cuando caigo y siento que estoy por estrellarme. Amén.

EXPLORA LAS MARAVILLAS

Leonardo da Vinci boceto la *idea* de un paracaídas hace muchísimo, en la década de 1470. Pero fue André-Jacques Garnerin el que probó el primer paracaídas moderno en Francia, en 1797. Ató el paracaídas a una cesta y un globo aerostático, ¡y se metió adentro! Cuando estaba a unos ochocientos metros del suelo, cortó los hilos del globo y se arrojó con el paracaídas al suelo. Fue un aterrizaje un poco accidentado, ¡pero sobrevivió! Un par de años más tarde, su esposa, Jeanne-Geneviève, se transformó en la primera mujer en saltar con un paracaídas.

LAS COLINAS DE CHOCOLATE

Todo lo que Dios ha creado es bueno...

1 TIMOTEO 4:4

Si te quedas mirando las colinas de la provincia de Bohol, en Filipinas, tal vez tengas un antojo de comer chocolate. Esto se debe a que, en invierno, cuando el césped se vuelve marrón, parece que estas colinas se cubrieran de kilómetros y kilómetros de chocolate. Por eso se llaman Colinas de Chocolate.

Tristemente, no están hechas de chocolate. En cambio, están hechas de piedra caliza marina. La piedra caliza marina es una roca que antes estaba

bajo el agua del océano. Incluso ahora, las colinas están llenas de fósiles de coral, algas y moluscos (una familia de animales que incluye almejas, caracoles y calamares). Los científicos no están completamente seguros de cómo se formaron estas colinas. Pero al menos 1.260 de estas montañas que parecen tan sabrosas se extienden a lo largo de cincuenta kilómetros cuadrados. La mayoría mide entre treinta y cincuenta metros de alto, ¡pero la más alta de todas mide unos ciento veinte metros! (Es como si tú y 85 amigos se pararan uno arriba del otro).

Aunque los científicos no saben bien cómo se formaron estas colinas, yo tengo una teoría: es divertido hacer colinas de chocolate. Verás, Dios es un creador. Eso significa que es creativo, y a veces simplemente se divierte con lo que hace. (Es decir, ¿alguna vez viste una jirafa?). Dios también te hizo para que fueras creativo. Así que cuando usas tu imaginación para hacer algo (algo que no estaba ahí), estás haciendo lo que Dios quería que hicieras, ¡y es una manera de adorar! Crea algo para Dios hoy. Si quieres, incluso puedes usar chocolate.

Querido Dios, gracias por el regalo de la creatividad y la imaginación. Enséñame a usar estos dones para adorarte. Amén.

EXPLORA LAS MARAVILLAS

Crea algo. Solo por diversión. Podría ser un dibujo, una historia, una canción, un pastel delicioso o una nueva manera de resolver ese problema de matemática. No te preocupes si no sale perfecto ni lo hagas para otra persona. Hazlo porque tú quieres y porque es divertido. Crea porque Dios, el Creador, te hizo para que crearas cosas también.

¡BIEN LIMPITO!

Lávame de toda mi maldad y
límpiame de mi pecado.

SALMOS 51:2

Si la gente dice que comes como un cerdo, ¡probablemente no sea un cumplido! A menos que te estén comparando con uno de los jabalíes europeos que se encuentran en el zoológico de Suiza. Estos exigentes cerdos prefieren lavar su comida antes de comerla. Los cuidadores del zoológico incluso los probaron al darles una pila de manzanas cortadas para comer, ¡y los cerditos se engulleron las manzanas limpias sin pensarlo! Pero si las manzanas caían sobre la tierra, los cerdos las llevaban hasta un arroyo cercano para enjuagarlas primero. En este caso, ¡comer como un cerdo no suena *tan* mal!

Cuando se trata de manzanas, alcanza con lavarlas por fuera. Pero cuando hablamos de personas, también necesitamos lavar el interior. Porque, si no limpiamos nuestro corazón, seremos como los fariseos de la Biblia. Por fuera, *parecía* que estaban haciendo todo lo que Dios quería. Pero por dentro, estaban sucios con orgullo, avaricia y egoísmo (Lucas 11:39). Si no tenemos cuidado, nos puede pasar lo mismo; puede parecer que todo está bien por fuera, mientras que por dentro, sentimos celos o pensamos cosas feas.

Para lavarnos por dentro, necesitamos la ayuda de Jesús. Primero, tenemos que confesar. Eso significa decirle a Jesús si hicimos o pensamos algo malo, como mentirle a un maestro o pensar cosas feas sobre nuestro hermano. Después, le pedimos que nos perdone. Y a continuación, le pedimos a Jesús que nos llene de su bondad. Así estaremos bien limpios, ¡por fuera y por dentro!

Señor, perdóname por todo lo malo que hago y porque a veces parece que está todo bien por fuera, pero por dentro, estoy todo sucio. Limpia mi corazón y mi mente para que todo el mundo sepa que te amo. Amén.

EXPLORA LAS MARAVILLAS

A los mapaches se los conoce por lavar su comida. Su nombre científico, *Procyon lotor*, significa: «oso lavador». Pero los científicos no creen que laven su comida para sacarle la suciedad. En cambio, algunos creen que los mapaches usan sus patas supersensibles para conocer mejor su comida. Otros piensan que los mapaches no tienen suficiente saliva (o baba), así que sumergen el alimento para que sea más blando y fácil de masticar. Mmm... ¿qué rico?

CUIDAR EL MUNDO

Nosotros, colaboradores de Dios…

2 CORINTIOS 6:1

Imagina una tierra llena de elefantes, chimpancés, gorilas, hipopó-tamos, leopardos, leones y cientos de otros animales. Más de mil especies de aves revolotean por el aire, y más de diez mil plantas tropicales diferentes crecen ahí. La tierra es rica en caucho, madera, cobre, diamantes, hojalata y oro. Y más de 75 millones de personas tienen su hogar en esa zona. ¿Qué es este lugar maravilloso? Es la Cuenca del Congo, en África.

La Cuenca del Congo es la zona que rodea el río Congo, el más profundo del mundo. Con 220 metros de profundidad, ¡se podrían apilar dos Estatuas de la Libertad una encima de la otra y quedar bajo el agua! El río mide 4.700 metros de largo y cruza dos veces el ecuador. Toda esa agua tan cerca de las temperaturas bien calientes del ecuador crea el ambiente perfecto para

la segunda selva tropical más grande del mundo. (¡La selva amazónica se lleva el primer lugar!).

Sin embargo, la Cuenca del Congo está en peligro. Los cazadores furtivos están matando demasiados animales, se están cortando muchos árboles y hay guerras frecuentes que no ayudan a nadie.

Dios nos dijo que cuidáramos la tierra... incluso esas partes que están al otro lado del mundo (Génesis 2:15). ¿Cómo puedes ayudar al Congo? Una manera tiene que ver con los alimentos que se cultivan en las selvas tropicales, como las bananas y el cacao. Pídeles a tus padres que compren alimentos sustentables. Eso significa que su cultivo no arruina la selva. Pequeños actos pueden marcar una gran diferencia cuando trabajas con aquellos que te rodean y con Dios para hacer que el mundo sea un lugar más limpio y feliz.

Dios, muéstrame qué puedo hacer hoy para que este mundo sea un lugar mejor y más hermoso. Amén.

EXPLORA LAS MARAVILLAS

Imagina cómo habrá sido este mundo cuando Dios lo creó. ¿Qué puedes hacer para que se parezca más a eso? Piensa en algo pequeño: levanta algún papelito que veas tirado. Piensa en algo un poco más grande: planta un árbol. Piensa, sueña y planea *bien* a lo grande: quizás puedes empezar un jardín comunitario o un programa de reciclaje en la iglesia o la escuela. ¿Qué puedes hacer para cuidar la creación de Dios?

CONFUSIÓN DE iDENTIDAD

Entonces Jesús les preguntó: —Y ustedes,
¿qué opinan? ¿Quién soy yo?

MATEO 16:15, TLA

¡U **y!** *¡Creí que eras otra persona!* Qué vergüenza nos da cuando vemos a alguien que conocemos y, cuando le tocamos el hombro y se da vuelta, no es la persona que pensábamos. Algo similar pasó con los astrónomos y el planeta enano Ceres.

Ceres fue descubierto en 1801 por un astrónomo llamado Giuseppe Piazzi. La primera vez que Giuseppe vio a Ceres, metido entre Marte y Júpiter, pensó que era un cometa. Pero cuando habló con otros astrónomos, decidieron que era un planeta. En 1802, otro astrónomo dijo que era un asteroide. Y doscientos años más tarde, en 2006, los astrónomos cambiaron de opinión otra vez y dijeron que Ceres era un planeta enano. *¡Vaya!* ¡Eso sí que es un caso de confusión de identidad!

Jesús conoce muy bien este tema. La gente se confunde mucho sobre quién es Él. Algunos dicen que es un buen hombre, un profeta o un maestro increíble. Otros dicen que estaba loco porque afirmaba que era el Hijo de Dios. Pero cuando Jesús le preguntó a Pedro: «Y ustedes, ¿quién dicen que soy yo?», Pedro sabía la respuesta: «Tú eres el Cristo, el Hijo del Dios viviente» (Mateo 16:15-16).

Profundiza en el tema y descubre quién es Jesús. Porque saber personalmente quién es Jesús (el Hijo de Dios) es lo más importante. Lee la Biblia, mira todo lo que Él dijo e hizo, y pídele a Dios que te muestre la verdad. Cuando lo hagas, ¡será imposible confundir su identidad!

Señor, guíame cuando lea tu Palabra. Muéstrame quién es Jesús en realidad. Ayúdame a ver y a creer que es tu Hijo. Amén.

EXPLORA LAS MARAVILLAS

Hasta ahora, los astrónomos han descubierto cinco planetas enanos en nuestro sistema solar: Plutón, Makemake, Haumea, Eris y Ceres. Probablemente, el más conocido sea Plutón. (Hasta 2006, los astrónomos pensaban que era un planeta). Pero Ceres fue el primero en recibir una visita de una nave espacial. El satélite *Dawn* fue lanzado en 2007 y, después de una visita a Vesta, el asteroide más brillante del cielo, llegó a Ceres en 2015.

¡NO COMPARTAS!

[El amor] no se comporta con
rudeza, no es egoísta, no se enoja
fácilmente, no guarda rencor.

1 CORINTIOS 13:5

¿No compartas? Parece el peor consejo del mundo, ¿no? Bueno, eso depende de lo que compartas. Compartir tu amistad, una sonrisa o un plato de galletas caseras es maravilloso. Pero ¿compartir gérmenes desagradables que nos pueden enfermar? Eso sin duda no es bueno.

Una de las maneras más fáciles de evitar compartir gérmenes es cubrirte la boca, porque cuando tosemos o estornudamos al aire, salen gotitas de agua volando por todas partes. ¡Tan solo una tos puede disparar 3.000 gotas, mientras que un estornudo puede tener 40.000! Y una gotita está llena de gérmenes que pueden vivir en el aire durante *horas*. ¡Esos gérmenes también pueden vivir en objetos como picaportes, tabletas y controles remotos hasta veinticuatro horas o incluso más! Así que cúbrete la boca con un pañuelo de papel, o tose o estornuda sobre tu codo.

Los gérmenes no son lo único que no deberíamos compartir. Las actitudes quejosas y malas son otra cosa. Es cierto, todos las tenemos de vez en cuando. Tal vez tuvimos una pelea con un amigo, o simplemente fue un día pésimo. Es normal sentirse mal cuando las cosas no salen como esperábamos. Pero no está bien ser maleducados, odiosos o desagradables. Habla con Dios, con un padre o un amigo. Respira hondo y piensa en algo bueno que te haya sucedido. Pero asegúrate de que el malhumor no se siga esparciendo.

Para ver cómo se esparcen los gérmenes, prueba este experimento: Toma cuatro rebanadas de pan. Tose sobre una de ellas. Frota otra rebanada sobre tus manos. Frota una tercera rebanada sobre la pantalla de un teléfono o un aparador. No hagas nada con la cuarta rebanada. Coloca cada rebanada en una bolsita separada. Usa una botella rociadora para pulverizar un poquito de agua en cada bolsa. Coloca una etiqueta en cada una y ciérralas. Mantenlas en un lugar cálido y oscuro una semana. ¿Cómo se esparcieron los gérmenes?

Señor, gracias por escuchar mis problemas cuando estoy teniendo un mal día. Ayúdame a no compartir mi malhumor con otros, y a asegurarme de que mi mala actitud se termine en mí. Amén.

DETRÁS DE ESCENA

… tu Padre, que ve lo que se hace
en secreto, te recompensará.

MATEO 6:4

Entre las hormigas, no hay lugar para holgazanes. *Todas* las hormigas de la colonia tienen un trabajo para hacer, aun si no lo puedes ver. Está la reina que pone los huevos. Están los machos, que se quedan con la reina. Y por último, están las obreras. Son las hormigas más pequeñas, pero hacen la mayor parte del trabajo, lo cual explica su nombre. Las hormigas obreras se ocupan de los huevos, las crisálidas y las larvas (como si fueran hormiguitas

bebé). Además, sacan la basura, encuentran comida y defienden el nido contra invasores. Algunas obreras se mantienen tan ocupadas que nunca dejan el hormiguero. Tal vez no sean las más grandes o fuertes, pero sin su tarea detrás de escena, la colonia no sobreviviría.

Eso me recuerda a Abdías en 1 Reyes 18. Si nunca escuchaste sobre Abdías, está bien. Estás igual que mucha gente. Abdías vivió en la época del Antiguo Testamento y trabajó detrás de escena para salvar a un grupo de profetas de Dios de una reina malvada. Así que tal vez no conozcas su nombre, ¡pero Dios sí que lo sabe!

Hacer cosas importantes para Dios significa más que solo lo que todos pueden ver (como predicar, orar frente a otras personas o ser misionero en una tierra lejana). Todas estas cosas son geniales, pero también hay otras que se hacen detrás de escena. Como por ejemplo, enviarle una carta a ese misionero lejano, enseñarle a un niño más pequeño una canción de la Biblia u orar por alguien que esté pasando un mal día. No importa si todo el mundo lo sabe, porque Dios ve cada cosita que haces... incluso detrás de escena.

Señor, ayúdame a recordar que cada cosa que hago para ti es importante; ya sea que los demás se enteren o no. Amén.

EXPLORA LAS MARAVILLAS

¡*Tú* puedes hacer cosas importantes para Dios! Piensa al menos en una cosa amable y útil que puedes hacer en secreto por alguien cada día de esta semana. Desliza algún versículo bíblico en el bolso de tu mamá o pégalo en el refrigerador. Hazle un bocadillo a tu hermano. Ora por algún amigo que esté pasando un mal momento. ¡Sé un obrero detrás de escena para Dios hoy mismo!

EL CINTURÓN DE FUEGO

… Busca la paz y esfuérzate por mantenerla.

1 PEDRO 3:11, NTV

¿Alguna vez conociste a alguien muy gordito que su apellido sea «Delgado»? A veces, los nombres no encajan. Como el *océano Pacífico. Pacífico* significa «tranquilo», ¡pero las aguas de este océano no son para nada tranquilas! Son la sede del Cinturón de Fuego, compuesto de *452 volcanes.* El Cinturón de Fuego es el responsable del 75% de la actividad volcánica del mundo. Y produce cerca del 90% de los terremotos de la tierra.

El Cinturón de Fuego en realidad no es un cinturón. Tiene más bien una forma torcida, como si fuera una herradura. Se extiende desde Sudamérica hasta Alaska. Después, se dirige a Rusia y Japón y baja hasta

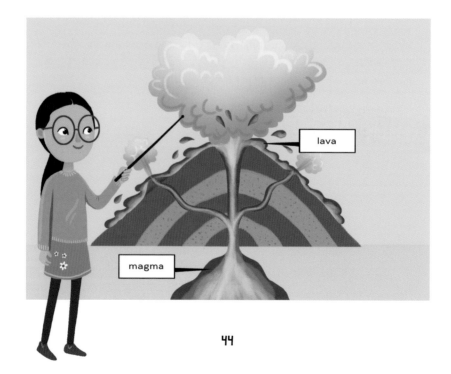

lava

magma

Nueva Zelanda para terminar en la Antártida. ¡Son más de 40.000 kilómetros!

¿Qué hace que el Cinturón de Fuego sea tan ardiente? Unas placas tectónicas gigantes flotan debajo de la superficie de la tierra en una capa de roca derretida llamada magma. A

CINTURÓN DE FUEGO

veces, esas placas chocan y se rozan unas con otras. Ahí es cuando las cosas pueden ponerse muy interesantes, ¡si no explosivas!

Así como dos placas tectónicas que se rozan, tú también encontrarás personas con las que puedes chocar. Y la tensión con ellas también puede volverse explosiva. Sin embargo, Dios quiere que seamos pacificadores y que tranquilicemos las cosas. Eso significa que tenemos que ser pacientes, amables y compasivos. Significa soltar el enojo y decidir no vengarse. Y a veces, significa tan solo sonreír y seguir tu camino. Hoy mismo, ¡busca una oportunidad de ser un pacificador!

Señor, a veces, cuando me enojo mucho, quiero vengarme. Por favor, dame sabiduría para ser amoroso y paciente. Muéstrame cómo ser un pacificador, incluso si me rodea el caos. Amén.

EXPLORA LAS MARAVILLAS

La luna tiene su cuota de terremotos, o *lunamotos*. Los científicos creen que estos sismos que suceden muy profundo, debajo de la superficie de la luna, pueden ser causados por la atracción de la gravedad de la Tierra. Pero los terremotos más cercanos a la superficie probablemente se deben a meteoroides que golpean la luna o a cambios inmensos de temperatura: desde 120 grados centígrados durante el día hasta -130 grados cuando hay oscuridad, ¡o incluso más frío!

21

¿MOVER LAS OREJAS?

*Tenemos dones diferentes, según
la gracia que se nos ha dado…*

ROMANOS 12:6

Puedes mover los dedos de las manos. Puedes mover los dedos de los pies. Y es probable que puedas mover tu nariz. Pero ¿puedes mover las orejas? Algunas personas pueden y otras no, ¡por más que se esfuercen!

El secreto es poder controlar un pequeño grupo de músculos detrás de las orejas llamados auriculares. Uno de estos músculos empuja la oreja hacia delante, otro la tira hacia arriba y el tercero, hacia atrás. Pero solo entre diez y veinte personas de cada cien pueden hacerlo.

La realidad es que las demás personas pueden hacer cosas que jamás podremos hacer, por más que lo intentemos. Yo nunca voy a ser un bailarín famoso. Jamás podría pararme sobre los dedos de los pies como hacen los bailarines. Tampoco voy a ser un cantante de ópera conocido, porque no llego a cantar tan alto. Sencillamente, esos no son los dones que Dios me dio. ¿Y sabes una cosa? No hay problema. Porque Dios me hizo para que pudiera hacer muchas otras cosas maravillosas. Y también te hizo maravilloso a tu modo.

No te lamentes porque otro pueda hacer algo que tú no puedes. Aliéntalo y luego descubre en qué eres bueno. Experimenta. Prueba cosas nuevas. Está bien si algo no funciona; intenta algo diferente. Dios nos ha dado a cada uno de nosotros distintos talentos y dones. Descubre cuáles son los tuyos. Después, úsalos para ayudar a otros y mostrar cuán maravilloso es Dios.

Señor, ayúdame a descubrir qué dones me has dado y cómo usarlos para contarle al mundo lo maravilloso que eres. Amén.

EXPLORA LAS MARAVILLAS

El premio a las orejas más grandes es para el elefante africano. Sus orejas inmensas pueden crecer hasta alcanzar 1,80 metros de largo y 1,20 metros de ancho. Cada oreja está llena de miles de vasos sanguíneos pequeñitos que sacan calor del cuerpo del elefante para ayudarlo a mantenerse fresco. Además, ¡esas orejas grandes y flexibles son un buen abanico!

¿LUCHAR O HUIR?

... no temo peligro alguno porque
tú estás a mi lado...

SALMOS 23:4

«¡**B**úl», te grita tu hermanito mientras salta desde atrás de una puerta. Te sobresaltas ante la sorpresa. Él se cae al suelo de la risa, pero a ti no te hace gracia. ¡Te dan ganas de darle un puñetazo, salir corriendo, o las dos cosas! ¿Qué sucede? Ese grito disparó la reacción de lucha o huida de tu cuerpo.

Cuando te asustas, tu cuerpo se prepara para *luchar* contra lo que te asustó o para *huir* lo más rápido que puedas. Entonces, tu corazón bombea más sangre a tus músculos y tu cerebro. Respiras más rápido, para que llegue más oxígeno a tu cuerpo. Y las pupilas de tus ojos se agrandan, o dilatan, para ayudarte a ver mejor. Todo esto sucede para que puedas pensar mejor, moverte más rápido y ver el peligro al que te enfrentas. Tu estómago incluso deja de digerir, y quizás te hagas pis encima. ¡No te preocupes! Esto se debe a que tu cuerpo decide concentrarse en la lucha o la huida.

Dios nos dio la reacción de lucha o huida para ayudarnos cuando nos enfrentamos a una amenaza. Además, nos dio su presencia. Eso significa que siempre está con nosotros y nos ayuda, en especial cuando estamos asustados... como cuando David tenía que luchar contra leones y osos para proteger a sus ovejas (1 Samuel 17:34-36). ¡David seguramente estaba aterrado! Pero sabía que Dios lo ayudaría. Lo más probable es que no vayas a pelear contra osos o leones. Sin embargo, quizás tengas que mostrar tu proyecto de ciencia a toda la clase, hablar con un amigo que hirió tus sentimientos o incluso defender lo que es correcto. No tengas miedo. Porque, no importa si es momento de luchar o huir, Dios te ayudará.

Siempre que tengas miedo, lee el salmo 23. Nos recuerda que Dios es nuestro Pastor, el cual nos da todo lo que necesitamos. Tiene una vara para espantar a los enemigos, y su cayado nos ayuda a saber para dónde ir. Dios incluso nos está preparando un banquete. Pero no es un banquete de comida. Es un banquete de todas las bendiciones, sabiduría y fortaleza que necesitamos. ¿Qué más promete Dios que nos dará en el Salmo 23?

Dios, gracias porque, incluso cuando tengo miedo, estás conmigo. Confiaré en que pelearás mis batallas por mí. Amén.

¿QUIÉN VA ALLÍ?

[Cristo] es su ejemplo, y deben
seguir sus pasos.

1 PEDRO 2:21, NTV

Los animales están por todas partes… incluso en tu patio, ¡aun si vives en la ciudad! Tal vez no los veas, pero si sabes qué buscar, puedes ver en dónde han estado. ¿Cómo? Por sus huellas. Tal como nosotros dejamos huellas cuando caminamos por la nieve, la tierra, la arena o el lodo, los animales también dejan huellas. Cada animal tiene su propia clase de huella, y si sabemos qué buscar, podemos descubrir quién estuvo ahí.

Por ejemplo, los animales de la familia de los perros (como los coyotes y los zorros) tienen cuatro dedos en sus patas traseras y delanteras, con una forma triangular en la parte superior de los dedos, donde están las garras. Los gatos también tienen cuatro dedos en las patas delanteras y traseras, pero las garras no se ven. Las ardillas y los ratones tienen cuatro dedos en sus patas delanteras, pero cinco en las patas traseras. Si ves huellas de cinco dedos que parecen huellitas de mano, probablemente se trate de un mapache. Las huellas de dos dedos suelen ser de algún ciervo.

Así como puedes identificar a los animales por sus huellas, la gente puede identificarte por las tuyas. No por las huellas que dejas en el lodo, sino por las huellas que dejas en el mundo. Y así como las huellas de un cachorro se parecen a las de su familia, tus huellas deberían parecerse a las de Jesús (Juan 13:35). Por ejemplo, una huella podría ser mostrarle bondad a ese niño con el que nadie quiere hablar, ser paciente cuando te toca esperar tu turno y ayudar con todo lo que puedas. Principalmente, significa hacer todo con amor, porque esas son las huellas que deja Jesús.

Señor, dejas huellas de amor y bondad por todas partes. Enséñame a hacer lo mismo dondequiera que vaya. Amén.

EXPLORA LAS MARAVILLAS

Busca a un amigo o un padre, ¡vayan afuera y busquen huellas! Revisa tu patio o tu vecindario, la plaza o el parque. ¿Vives en la ciudad? Busca huellas de gatos en los parabrisas, rastros brillantes de caracoles en la acera o los rasguños de las ardillas en los árboles. ¿Cuántas huellas diferentes de animales puedes encontrar?

UN VIENTO PODEROSÍSIMO

De repente, vino del cielo un ruido como
el de una violenta ráfaga de viento [...].
Todos fueron llenos del Espíritu Santo…

HECHOS 2:2, 4

En el océano Pacífico hay un patrón climático que sucede una vez cada dos a diez años y se llama El Niño (toma su nombre del «niño Jesús»). Los científicos no saben cuándo vendrá, pero cuando

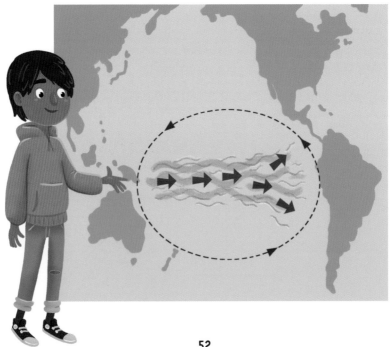

ocurre, El Niño se queda durante unos nueve a doce meses. Incluso puede llegar a durar dieciocho meses... ¡o más! Los pescadores le pusieron El Niño porque suele llegar cerca de la Navidad.

¿Qué hace El Niño? Bueno, en los años normales, las aguas cerca del ecuador se calientan por el sol. Los vientos fuertes empujan esas aguas cálidas lejos de la costa de Sudamérica y Estados Unidos, dejando aguas más frescas en su lugar. Pero en los años de El Niño, los vientos soplan *para el otro lado*. Empujan las aguas cálidas hacia Sudamérica y arriba, es decir hacia California. Los peces a los que les gusta el agua más fría se van, y los peces tropicales llegan a tomar su lugar. El Niño también trae mucha más lluvia y nubes. Y todo empieza con un viento poderosísimo.

Hechos 2:2 habla de algo mucho más poderoso que El Niño. El Espíritu Santo «sopló» sobre las vidas de los discípulos y los transformó para siempre. ¡Trajo el poder de Dios para que viviera dentro de ellos! El Espíritu les dio valentía cuando tenían miedo, consuelo cuando estaban tristes y palabras cuando no sabían qué decir. Pero el Espíritu no era solo para aquellos discípulos hace tanto tiempo. Cuando decides amar y seguir a Jesús, el Espíritu Santo también soplará sobre tu vida como un viento poderosísimo.

Señor, lléname con tu Espíritu. Ven a mi vida, cámbiame y ayúdame a parecerme cada día más a Jesús. Amén.

La Niña es la corriente opuesta a la de El Niño. La Niña *enfría* las aguas cerca de Sudamérica y California. Los lugares que reciben más lluvia durante El Niño pueden tener una sequía mientras está La Niña. Y mientras que El Niño causa más tormentas tropicales en el Pacífico, La Niña genera tormentas más fuertes en el Océano Atlántico.

¡MÁS Y MÁS ALTO!

Preocupémonos los unos por los otros, a fin de estimularnos al amor y a las buenas obras.

HEBREOS 10:24

¡Imagina un globo tan grande que todo un estadio de fútbol entre en su interior! Es exactamente la clase de globo que usa la NASA. No para fiestas de cumpleaños, sino para aprender más sobre la Tierra y el espacio.

Los globos espaciales pueden levantar hasta 3.500 kilos... ¡alrededor de lo que pesan tres autos pequeños! Estos globos están hechos de un plástico delgado que tiene un grosor parecido al de una bolsa para sándwiches. Y pueden elevarse hasta 43 kilómetros hacia el cielo. No llega a ser el espacio exterior. Los científicos lo llaman «espacio cercano», y ahí arriba hay tan solo un 1% de la atmósfera de la Tierra. Eso permite que los científicos hagan toda clase de experimentos, por ejemplo, estudiar cómo el espacio afecta a las bacterias y los virus, o probar equipos nuevos para las futuras naves espaciales. ¡Es mucho más fácil que enviar todo un cohete al espacio! Al igual que los globos de fiesta, los globos de la NASA están llenos de helio. El helio es más liviano que el aire, así que se eleva, levantando a los globos hacia el cielo.

Tú puedes ser como uno de esos globos espaciales gigantes... no para salir flotando al espacio, sino para levantar a aquellos que te rodean. Todos tienen problemas, y esos problemas pueden parecer tan pesados que tiren abajo a la gente. Pero tú puedes hacer que los problemas de un amigo parezcan más livianos al ofrecer una sonrisa, una palabra amable o un abrazo. Escucha a algún amigo que necesite hablar, ayúdalo si puedes, y ora por los que están pasando un mal momento. Llena a los demás de amor y bondad, y señálales siempre a Dios. ¡Él puede levantar a cualquiera y elevarlo bien alto, lejos de los problemas!

Señor, ayúdame a ver a los que están heridos a mi alrededor, y a hacer lo que pueda para levantarlos. Amén.

EXPLORA LAS MARAVILLAS

Si vivieras en el siglo catorce y quisieras globos para tu cumpleaños, terminarías jugando con vejigas de cerdo llenas de aire. ¡Qué asco! Recién en 1824, Michael Faraday inventó el primer globo de goma. Lo hizo presionando juntos los bordes de dos láminas de goma. Alrededor de un año después, aparecieron equipos para armar tus propios globos. Por fin, en 1847, J. G. Ingram inventó el globo de juguete moderno... ¡aunque no aparecieron en las fiestas de cumpleaños hasta la década de 1930!

CUANDO NO DICES NI UNA PALABRA

Amados hermanos, ¿de qué le sirve
a uno decir que tiene fe si no lo
demuestra con sus acciones? ...

SANTIAGO 2:14, NTV

Movemos los labios para hablar, ¿no? Bueno, a veces sí, y a veces, no. Es más, podemos tener toda una conversación sin mover los labios ni emitir un sonido. ¿No me crees? ¿Cuántas veces tú y tu mejor amigo «hablaron» en clase sin que la maestra escuchara nada?

Poner los ojos en blanco, encogerse de hombros, asentir con la cabeza, levantar las cejas y hacer gestos con las manos... usamos estos movimientos

no verbales para «decir» cosas sin pronunciar una palabra. A esto se le llama lenguaje corporal. Pero es más que tan solo movimientos que hacemos a propósito. También incluye cosas que hacemos sin pensar. Por ejemplo, cuando nos sentamos bien derechos mientras prestamos atención o todos encorvados cuando estamos aburridos. O cuando nuestros ojos grandes y el rostro esperanzado dicen que queremos esa última galleta, incluso si no decimos nada. Nuestro cuerpo siempre está «hablando», y dice mucho sobre lo que sentimos en realidad.

Lo mismo sucede con nuestras acciones. Tal vez digamos todas las cosas correctas sobre amar a Jesús e intentar ser más como Él, pero nuestras acciones hablan más fuerte que nuestras palabras. Muestran lo que realmente pensamos. Por eso las personas creen más en lo que *haces* que en lo que *dices*. Así que no te conformes con hablar sobre tu amor por Jesús. Muéstrales a los demás cómo es el amor al ayudar a otros, ser amable y alabar a Dios. Porque cuando tus labios no se mueven, a veces estás «hablando» más fuerte que nunca.

Señor, te amo. Enséñame a mostrarles esto a los demás en todo lo que haga... cuando estoy hablando y cuando no. Amén.

EXPLORA LAS MARAVILLAS

Una burbuja personal no tiene nada que ver con el chicle. Es el espacio que te gusta tener entre tú y los demás. El tamaño de tu burbuja cambia según con quién estás (un amigo o un extraño), dónde estás (en casa o en una tienda) y lo que estás haciendo (leyendo o jugando). En Estados Unidos, a la mayoría de las personas les gusta estar entre unos 45 centímetros y 1,20 metros de distancia de los demás, pero en Japón, ¡las burbujas miden solo unos 25 centímetros!

UNA FORTALEZA A LA CUAL ACUDIR

El Señor es mi roca, mi amparo, mi libertador;
es mi Dios, el peñasco en que me refugio...

SALMOS 18:2

Imagina cómo sería si llevaras tu propia fortaleza personal dondequiera que fueras. ¿Tienes un mal día? Te metes adentro. ¿Se te acerca un matón? Hora de entrar a la fortaleza. ¿Te olvidaste de un examen importante? Oh-oh, ¡hora de esconderse! Así es la vida para las tortugas. Bueno, excepto por eso del examen. Desde la tortuga laúd, que pesa 680 kilos, hasta la pequeñita tortuga del Cabo, de 7,5 centímetros de largo, lo único que tienen en común es su caparazón.

El caparazón está formado por unos sesenta huesos y cubierto de placas duras llamadas escamas. El caparazón funciona como una caja torácica que protege el cuerpo blando de la tortuga. Está pegado a la columna, así que las tortugas no pueden salir de su caparazón... ¡no importa lo que veas en los dibujos animados! Si se sienten amenazadas, las tortugas se meten en su caparazón. Algunas solo

pueden meter el cuello de costado. Otras pueden meter las patas y toda la cabeza completamente adentro del caparazón. ¡Eso sí que es una fortaleza!

Hay días en los que esa clase de protección vendría muy bien, ¿no? Pero quizás quedarías un poco ridículo si llevaras un enorme caparazón sobre la espalda. Sin embargo, sí tienes una fortaleza personal. Es incluso más dura que el caparazón de una tortuga… ¡es Dios! Así que, si tuviste un mal día o si te encuentras en aprietos, llama a Dios. Pídele que te envuelva con su amor y te dé la sabiduría para saber qué hacer. Dios está contigo dondequiera que vayas, ¡así que acude a Él como tu fortaleza siempre que necesites protección!

Señor, nada ni nadie es más fuerte que tú. Gracias por la fortaleza de tu amor y tu protección. Amén.

EXPLORA LAS MARAVILLAS

Tortugas y galápagos. ¿Cuál es la diferencia? Bueno, todas son parte de un grupo de reptiles llamado testudines. Sin embargo, los galápagos se quedan en la tierra, mientras que las tortugas pasan la mayor parte de su vida en el agua, y salen solo para poner huevos o tomar sol. También hay tortugas que están igual de cómodas en la tierra que en el agua. Se pueden encontrar estas silenciosas criaturas en pantanos, ríos o lagunas.

Una tortuga laúd

TODA LA LUZ

… lávame, y quedaré más blanco que la nieve.

SALMOS 51:7

Si atrapas un copo de nieve en tu guante, verás que parece una **pequeña joya de cristal.** Una joya *trasparente* de cristal. Entonces, ¿por qué la nieve en el suelo, o transformada en muñeco de nieve, se ve blanca?

Primero, veamos ese copo de nieve. Es trasparente porque está formado por cristales de hielo. ¡Un solo copo de nieve puede tener *doscientos* cristales de hielo! Y como una pila de nieve lleva millones de copos de nieve, imagina la cantidad de cristales de hielo que hay ahí. ¡Un montón! Cuando la luz pega

sobre todos esos cristales, estos la reflejan como si fueran miles de espejitos.

Ahora, la luz está compuesta por todos los colores. Cuando pega sobre la mayoría de los objetos, algunos colores son absorbidos. Otros se reflejan. Por ejemplo, una flor amarilla absorbe toda la luz *excepto* el amarillo; entonces, vemos el amarillo. La nieve no absorbe ningún color. Los refleja a *todos*. Y cuando todos los colores de la luz se suman, se ven blancos. Por eso la nieve parece blanca.

Nosotros deberíamos ser como la nieve. No me refiero a ser fríos, sino a reflejar *toda* la luz. Verás, Dios alumbra la luz de su amor en nuestras vidas. Cuando intentamos amar a los demás como Él nos ama (al ser amables, bondadosos, pacientes y compasivos), reflejamos esa luz. Cuanto más amamos, más luz reflejamos. Así que, ¡seamos como la nieve! ¿Cómo puedes reflejar la luz de Dios en el mundo hoy?

Dios, es difícil entender cuánto me amas, pero estoy muy agradecido por tu amor. Ayúdame a brillar al amar a otros como tú me amas. Amén.

Nieve sandía en Alaska

La nieve no *siempre* es blanca. Cuando se amontona mucha cantidad de nieve, puede tener una tonalidad azulada. (Si usas un palito para hacer un hueco en un banco de nieve, quizás veas ese dejo de color azul). ¡La nieve incluso puede ser rosada o roja! Se llama nieve sandía, y se encuentra en lo alto de las montañas. El color proviene de un alga roja. Así que, a pesar de que parece un algodón de azúcar, ¡no tiene un rico sabor!

¡UNA NUEVA MANERA DE BRILLAR!

Canten al Señor un cántico nuevo; canten
al Señor, habitantes de toda la tierra.

SALMOS 96:1

Hay un nuevo cometa en la ciudad. Bueno, en realidad no es nuevo, pero hace poco que se descubrió. Se llama NEOWISE, en honor a la nave espacial NEOWISE que lo divisó por primera vez el 27 de marzo de 2020. (El nombre es una sigla en inglés, que significa «explorador de infrarrojos de campo amplio en objeto cercano a la Tierra»).

¿Qué es un cometa? Es un trozo inmenso de hielo, polvo y roca que orbita (o gira en círculos) alrededor del sol. A menudo, los cometas miden varios kilómetros de ancho, y muchos tienen el tamaño de una ciudad pequeña. A medida que un cometa se acerca al sol, el hielo y el polvo empiezan a vaporizarse (o quemarse) debido al calor. Esto forma una estela brillante que puede extenderse a lo largo de miles ¡o incluso millones de kilómetros!

El cometa NEOWISE estuvo más cerca de la Tierra en julio de 2020, cuando se encontraba a «tan solo» 102 millones de kilómetros de distancia. Tanto el telescopio Hubble como la Estación Espacial Internacional le tomaron una foto cuando pasó cerca. Ahora, el NEOWISE se aleja de nosotros a toda velocidad, a unos 231.000 kilómetros por hora ¡No volverá a acercarse a la Tierra por otros 7.000 años!

Durante un tiempo, el NEOWISE fue una mancha deslumbrante y nueva que brillaba en el sistema solar. Entonces, ¿por qué no permites que te inspire a encontrar una nueva forma de brillar? Escribe una canción, haz un dibujo, participa en una carrera, ora por alguien u ofrécete como voluntario. Explora el universo de talentos que Dios te ha dado y úsalos para honrarlo y alabarlo. Porque, cuando lo haces, tú y el mundo que te rodea ¡brillan como nunca antes!

Dios, a veces, me da un poco de miedo probar cosas nuevas. Ayúdame a ser lo suficientemente valiente como para hacer cosas que me ayuden a crecer y darte gloria. Amén.

EXPLORA LAS MARAVILLAS

Desde 2009 hasta 2011, la nave espacial *WISE* examinó el espacio en busca de asteroides, estrellas y otras galaxias. Después, quedó *inactivo*, que es como si se hubiera ido a dormir. La NASA lo despertó en 2013, le cambió el nombre a NEOWISE y le indicó que buscara asteroides y cometas en nuestro sistema solar. Desde entonces, encontró más de 38.000 objetos en nuestro sistema solar; entre ellos, ¡más de 200 cometas!

PUEDES HACER MÁS QUE QUEJARTE

Ante él expongo mis quejas; ante
él expreso mis angustias.

SALMOS 142:2

¿**P**or qué tengo que esperar? *No quiero ser un árbol en la obra de teatro. No me gusta este juego.* Todo el mundo se queja. Es más, los investigadores han descubierto que, cuando estamos hablando con alguien, nos quejamos alrededor de una vez cada sesenta segundos. Pero esa no es la peor parte: ¡la queja en realidad cambia el cerebro y nos hace quejarnos aún más!

Al cerebro le gusta crear atajos para esas cosas que hace con más frecuencia. Así que si te quejas mucho, las neuronas de tu cerebro se acomodan para que les resulte más fácil hacerlo. (Las neuronas son células que llevan mensajes por tu cerebro). El problema es que estos atajos hacen más difíciles

otras cosas, como dar gracias. Los investigadores también descubrieron que tan solo escuchar a alguien que se queja hace que tus neuronas empiecen a moverse. Ahora, ¡eso sí que es algo para quejarse!

Sí, hay veces en las que está bien quejarse, como cuando hace falta solucionar un problema. Por ejemplo, si el restaurante se olvidó de ponerle queso a tu hamburguesa con queso. Pero hay una manera correcta de quejarse. Acude a la persona que pueda arreglar el problema. Di: «Disculpa...», y en forma educada, explica cuál es el problema. Cuando la persona lo solucione, sonríe y da las gracias. (Si no lo soluciona, tal vez necesites la ayuda de un adulto).

No te quejes solo por quejarte. Si hay un problema real, acude a la persona que pueda solucionarlo. Si se trata del queso para tu hamburguesa, tendrías que hablar con la persona del restaurante. Si se trata de cosas más grandes de la vida, habla con Dios. Él puede solucionar tus problemas, así que háblale. Después, confía en que hará lo mejor... y deja de quejarte.

Señor, cuando las cosas no salgan como quiero, recuérdame que debo acudir a Aquel que puede arreglarlas, en vez de quejarme constantemente. Amén.

Las personas se han estado quejando desde hace mucho, mucho, *mucho* tiempo. Y a veces, dejan sus quejas por escrito. Los arqueólogos (personas que excavan la tierra y estudian cosas del pasado), encontraron una tablilla de 4.000 años de la antigua Mesopotamia. Era una queja de un cliente. ¡No estaba contento con las piezas de cobre que había comprado y quería que le devolvieran el dinero!

31

TODO LO QUE NECESITAS

Así que mi Dios les proveerá de todo lo
que necesiten, conforme a las gloriosas
riquezas que tiene en Cristo Jesús.

FILIPENSES 4:19

Los pandas pueden parecer ositos de peluche supertiernos y
juguetones, pero se llaman pandas *gigantes* por una razón. Los
pandas machos pesan hasta 115 kilogramos... ¡más que tres niños de diez años!
Las hembras son un poco más pequeñas, y pesan unos 90 kilogramos.

Para crecer y alcanzar su tamaño gigante, los pandas comen bambú...
¡mucho y mucho bambú! Así que probablemente sea bueno que vivan en los

bosques de bambú en China. Sin embargo, el bambú no es la comida más fácil ni saludable para comer. Es duro y no es muy nutritivo. Para permanecer llenos y saludables, los pandas necesitan comer más de trece kilos de bambú por día. ¡Se pasan unas doce horas al día comiendo! Para ayudar a comerse todo eso, los pandas tienen un dedo extra en sus patas. Funciona como un pulgar que les ayuda a sostener el bambú. También tienen dientes anchos y planos que aplastan los tallos duros.

Desde los bosques de bambú hasta los pulgares y los dientes especiales, Dios les da a los pandas gigantes todo lo que necesitan para ser como Él los creó. ¿Y sabes qué? Hace lo mismo por ti y por mí. Dios se asegura de que tengas todo lo que necesitas para ser la persona que Él quiso que fueras y para hacer todo lo que te creó para hacer. Te dará valentía cuando estés asustado, sabiduría cuando no sepas bien qué hacer, alegría cuando estés triste, y muchísimo amor. ¡Dios tiene un suministro ilimitado de todo lo que necesitas!

Dios, gracias por darme todo lo que necesito para vivir, amar y ser tal como quisiste cuando me creaste. Amén.

EXPLORA LAS MARAVILLAS

¿Sabías que los pandas rojos tuitean? Probablemente no es el tuit que imaginas… no se meten mucho a internet. Pero sí hacen un sonido que parece más el «tuit» de un pajarito que el sonido de un oso. Por supuesto, tal vez eso se deba a que los pandas rojos no son osos. En cambio, están más relacionados con los mapaches y los zorrinos. Los pandas rojos también chillan, sisean y gruñen… claro, ¡cuando no están tuiteando!

UN POCO DE AYUDA, POR FAVOR

Ayúdense unos a otros a llevar sus cargas...

GÁLATAS 6:2

Imagina si, cada dos horas, te llegara un mensaje de texto de la Antártida. Eso es exactamente lo que les pasa a los científicos del Instituto Nacional de Investigación Acuática y Atmosférica en Nueva Zelanda. Bueno, en realidad, reciben un mensaje de texto de instrumentos que están bajo la plataforma de hielo de la Antártida.

Una plataforma de hielo es un bloque gigante de hielo que flota, y en la costa de la Antártida hay unos 300 de estos bloques. Algunos se están achicando y los científicos quieren saber por qué. Pero las aguas alrededor de la Antártida están congeladas la mayor parte del año y llegar ahí no siempre es posible. Así que los científicos descubrieron algunas maneras maravillosas de obtener la información que necesitan. En el espacio, hay satélites que miden el grosor del hielo. Debajo del hielo, hay submarinos robóticos que viajan para medirlos y registrar cualquier cambio. ¡Incluso los animales participan de la acción! Un grupo llamado Marine Mammals Exploring the Oceans Pole [Mamíferos marinos que exploran el océano de polo a polo] usa unas etiquetas electrónicas especiales que se les ponen a las focas, los pingüinos y otros animales marinos para reunir información de lugares donde los humanos no pueden llegar.

Los científicos no podían obtener esta información por su cuenta, así que dejaron que otros (criaturas y máquinas) los ayudaran. Es una buena idea, y no solo para los científicos. Porque nadie puede hacer todo solo. Ya sea para aprender a patear una pelota, alcanzar algo del estante más alto o entender lo que significa un versículo bíblico, todos necesitamos ayuda a veces. No seas demasiado orgulloso para pedir ayuda. Y pídesela a Dios también, porque Él siempre está dispuesto a ayudarte.

Dios, a veces me cuesta admitir que necesito ayuda. Perdóname por ser demasiado orgulloso y ayúdame a aprender que está bien pedir ayuda... en especial, a ti. Amén.

Hablando de hielo, los científicos hicieron un agujero a través de la plataforma de hielo de la Antártida. Esperaban poder investigar el suelo oceánico que hay debajo, ¡pero descubrieron vida! Había toda una comunidad de esponjas y otros animales estacionarios desconocidos. (*Estacionario* significa que no pueden moverse). Hasta este descubrimiento, nadie creía que esta clase de animales pudiera vivir en las aguas oscuras y heladas debajo de la plataforma de hielo. ¿No es genial?

rayos gamma

33

UNA EXPLOSIÓN DE LUZ

Dios hizo la tierra con su poder, afirmó
el mundo con su sabiduría, ¡extendió
los cielos con su inteligencia!

JEREMÍAS 10:12

Los rayos gamma... son algo que vemos en ciencia ficción y las historietas. ¿O no? Resulta que los rayos gamma son *reales*. Son una clase de luz. Verás, hay distintos tipos de luz, pero todo es energía que viaja en ondas. La luz que vemos viaja en ondas de longitud mediana. Las microondas (como las que hacen que explote el maíz para transformarlo en palomita) son más largas. Los rayos X viajan en ondas más cortas, y los rayos gamma son los más cortos de todos.

Cuanto más corta es la onda, más energía tiene. Así que los rayos gamma tienen *mucha* energía; una energía que es como mil millones de veces más intensa que la luz que vemos. En la Tierra, las explosiones y la radiación nucleares pueden crear rayos gamma. En el espacio, los rayos gamma se producen por sucesos grandes, como cuando explota una estrella. Los rayos gamma son tan poderosos que necesitas un escudo de cemento de más de dos metros de ancho para protegerte de toda la energía.

Como estos rayos son tan poderosos, imagina lo poderoso que tiene que ser el Dios que los creó. ¡*Nada* es imposible para Él! Puede hacer planetas, extender los cielos y crear luz y energía con tan solo respirar. Su poder es absolutamente infinito, y su amor por ti también. Sí, Dios es más poderoso de lo que jamás podrías entender. Pero nunca es demasiado grande ni está demasiado ocupado como para no escucharte. Cuéntale tus esperanzas, tus sueños, tus preocupaciones, tus problemas y tus temores. Después, observa cómo empieza a derramar su poder para ayudarte.

Dios, tienes un mundo y un universo tan grandes para cuidar. Gracias porque siempre te tomas el tiempo para escucharme. Amén.

EXPLORA LAS MARAVILLAS

En enero de 2019, el telescopio espacial Hubble captó algo increíble: un brote de rayos gamma o BRG. Fue el brote más poderoso que se haya visto jamás. En pocos segundos, ¡ese BRG disparó más energía de lo que nuestro sol generará en toda su vida! El brote provino de una galaxia que se encuentra a cinco mil millones de años luz de distancia. Los científicos creen que puede haber sido una estrella que murió.

Telescopio espacial Hubble

¿UN ROSTRO O DOS?

Por tanto, imiten a Dios, como
hijos muy amados.

EFESIOS 5:1

¿Puedes verla? Mira esta imagen de una mujer joven y hermosa. Es decir, una anciana. No... digo, ¿una joven o una anciana? En realidad, ¿puedes ver a la joven y a la anciana? (Intenta buscar el mentón de la joven. Después, imagina ese mentón como la nariz de la anciana). Esta imagen es un ejemplo de ilusión óptica.

Las ilusiones ópticas suceden cuando nuestro cerebro se confunde sobre lo que ven nuestros ojos. La tarea de los ojos es captar la información que ven; como el tamaño, la forma y el color de un perro que se nos acerca. Pero el cerebro nos dice qué estamos viendo y nos informa: «¡Oye, eso es un perro que se nos acerca corriendo!».

Las ilusiones ópticas usan la luz, el color y las figuras para engañar al cerebro. Y, cuando se trata de imágenes, es muy divertido. Pero no es tan divertido si se trata de personas. Como cuando una niña finge ser buenita frente a la maestra. Pero cuando la maestra no está mirando, hace trampa en un examen o se burla de la maestra. Eso es tener una doble cara. Jesús dijo que las personas que son así son «hipócritas», y declaró: «su corazón está lejos de mí» (Mateo 15:8), así que no es nada bueno. En cambio, intenta siempre ser bueno y amable. Haz lo correcto, incluso si no hay nadie mirando. Es la mejor manera de ser, y no es ninguna ilusión.

Dios, no quiero fingir que soy algo que no soy. Por favor, dame la valentía para ser «real» y hacer siempre lo correcto, sin importar con quién esté. Amén.

EXPLORA LAS MARAVILLAS

Una de las ilusiones ópticas más hermosas fue creada por el mismo Dios: El Cañón del Antílope. A través de los años, el agua fue limando pedacitos de rocas, y creó «ranuras» altas y onduladas en las paredes del cañón. Cuando sale el sol, la luz entra y sale por esas ranuras, ¡haciendo que parezca que todo el cañón está incendiado!

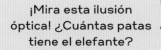

¡Mira esta ilusión óptica! ¿Cuántas patas tiene el elefante?

73

¡QUÉ MALEDUCADO!

Pónganse como objetivo vivir una vida
tranquila, ocúpense de sus propios asuntos…

1 TESALONICENSES 4:11, NTV

Los rinocerontes blancos son uno de los mamíferos terrestres más grandes de todo el mundo. Es más, empatan con los hipopótamos como los segundos más grandes; solo el elefante es más grande que ellos. A pesar de su tamaño enorme, los rinocerontes tienen un secretito: escuchan a escondidas. Al menos, los rinocerontes machos. Se esconden y se entrometen en las conversaciones de otra gente… digo, de otros rinocerontes. Lo hacen para proteger su territorio. Si un rinoceronte macho oye «hablar» a otro, escucha a escondidas para ver si está de paso o si está intentando robarle el territorio.

Al escuchar, el rinoceronte también sabe si el otro es más joven o más viejo. Si es más joven, probablemente lo enfrente y lo espante. Pero si es más viejo (y probablemente tenga más experiencia en lucha), el rinoceronte se toma su tiempo y escucha a escondidas un poco más para asegurarse de que pueda ganarle en una pelea.

Los rinocerontes tienen una buena razón para escuchar a escondidas, pero en nuestro caso, casi nunca hay una buena razón. (A menos que seas un superagente secreto. ¡Pero entonces estás demasiado ocupado salvando al mundo como para leer este libro!). Escuchar a escondidas es mala educación y puede causar problemas. Tal vez arruines una sorpresa. Quizás entiendas mal algo, por ejemplo, si interpretas que tus padres están hablando de separarse, pero en realidad solo quieren separar una habitación con un biombo en el medio. O tal vez escuches un secreto dañino que alguien no está listo para revelar. Así que la próxima vez que empieces a escuchar la conversación de otra persona, sé sabio; métete en tus propios asuntos y dirige tus oídos en otra dirección.

Señor, me tienta escuchar lo que otros hablan en privado. Ayúdame a ocuparme de mis propias cosas y concentrarme en escucharte a ti. Amén.

EXPLORA LAS MARAVILLAS

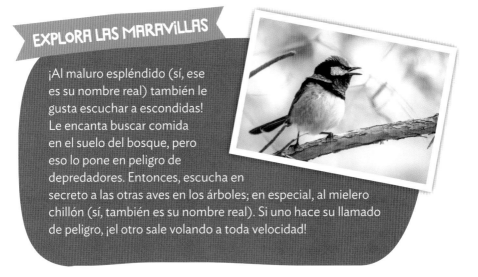

¡Al maluro espléndido (sí, ese es su nombre real) también le gusta escuchar a escondidas! Le encanta buscar comida en el suelo del bosque, pero eso lo pone en peligro de depredadores. Entonces, escucha en secreto a las otras aves en los árboles; en especial, al mielero chillón (sí, también es su nombre real). Si uno hace su llamado de peligro, ¡el otro sale volando a toda velocidad!

¿COMBATIR FUEGO CON... FUEGO?

La respuesta amable calma el enojo,
pero la agresiva echa leña al fuego.

PROVERBIOS 15:1

Para apagar un incendio, necesitas agua o un extinguidor, ¿no? ¿Qué me dices de más fuego? Parece una locura, pero a veces los bomberos usan fuego para combatir incendios. En especial cuando están luchando contra incendios forestales.

Estos son incendios que se salen de control y suelen ocasionarse en un bosque. En Estados Unidos, los incendios forestales pueden surgir en cualquier parte, pero los más grandes suceden en el oeste, en lugares como California, Nevada y Oregón. Estas zonas tienen una temporada lluviosa que hace que los árboles, los arbustos y el césped crezcan mucho. Después, viene una temporada larga de mucho calor y sequía. Todos esos árboles y césped se secan tanto que una sola chispa (de un petardo o un rayo) puede empezar un incendio terrible.

Para combatir los incendios forestales, los bomberos intentan eliminar las plantas y los árboles que el fuego se «come». En un anillo de tierra alrededor del incendio, quitan todas las plantas, creando un cortafuegos que impide que el incendio se siga desparramando. O a veces, inician un contrafuego; un incendio pequeño en frente del más grande. El contrafuego se traga las plantas más pequeñas y la madera muerta. Al no quedar nada para quemar, el incendio forestal se «muere de hambre» y se apaga.

Combatir fuego con fuego funciona muy bien en los incendios forestales. Pero es una malísima idea cuando hablamos de cualquier otro incendio… en especial, con otras personas. Si alguien te insulta o te dice algo feo, es tentador combatir fuego con fuego y responder con otra frase fea. Pero eso tan solo aviva el fuego. Intenta responder con una palabra amable. Cuando el enojo se queda sin nada para «quemar», el fuego pronto se apaga.

Dios, qué fácil es responder a las palabras dañinas con más palabras feas. Ayúdame a tener dominio propio y responder con palabras amables. Amén.

¿Combatir fuego con drones? ¡Ajá! Como son pequeños, los drones pueden llegar volando a lugares donde los helicópteros y los aviones no pueden entrar. Pueden examinar cuánto abarca un incendio, para dónde se mueve y con qué rapidez. Incluso pueden dejar caer «huevos de dragón», que son unas pelotitas tamaño ping-pong que explotan cuando chocan contra el suelo y producen pequeños contrafuegos.

¡BAJO PRESIÓN!

Desde mi angustia clamé al Señor, y
él respondió dándome libertad.

SALMOS 118:5

Hoy salió la luna. Eh... un momento. Hay dos lunas. No, ¡79! Si vives en Júpiter, ese es el caso. Y en realidad, tal vez haya más de 79 lunas... esas son tan solo las que han descubierto los astrónomos hasta ahora.

Una de esas lunas es Ío, pero no se parece en nada a la pacífica amiga nocturna de la Tierra. Más de 400 volcanes cubren la superficie de Ío, y están en constante erupción, ¡disparando enormes chorros de lava de más de 300 kilómetros de alto! Ío se encuentra a 630 millones de kilómetros de distancia, pero sus explosiones son tan poderosas que a veces se pueden ver desde la

Tierra (usando un telescopio supergrande, ¡por supuesto!). Ío también tiene una *tonelada* de relámpagos y lagos de lava derretida.

¿Por qué Ío es tan explosivo? La gravedad de Júpiter y otras lunas cercanas empuja y atrae a la luna, lo cual hace que la tierra se mueva. *Mucho.* ¡Tan solo intentar pararse en el suelo de Ío sería como andar en una montaña rusa! Todo ese movimiento aumenta la presión y el calor hasta que el material que está dentro de Ío se calienta tanto que se derrite, hierve y después... ¡bum, explota!

Lo mismo puede sucedernos a nosotros. No la parte de la lava que explota. Pero todos enfrentamos muchos problemas. La presión de encajar, de ganarnos una buena nota, de no equivocarnos. *¡Cuánta presión!* Todo se reduce a la presión de ser perfecto... y nadie es perfecto. Pero toda esa presión puede hacer que te calientes en tu interior. Cuando sientes que estás a punto de explotar en un arrebato de enojo, párate y muévete un poco. Quema algo de esa presión con ejercicio. Y mientras te mueves, habla con Dios. Él ya sabe lo que está sucediendo y puede liberarte de toda esa presión.

Señor, cuando la presión para ser perfecto me hace querer explotar de enojo o tensión, ayúdame a recordar que tienes el control y que me amas con amor perfecto. Amén.

EXPLORA LAS MARAVILLAS

La presión de ser perfectos les afecta prácticamente a todos. Quita algo de esa presión antes de que haya un estallido. La próxima vez que veas que alguien siente la presión de ser perfecto, recuérdale lo maravilloso que ya es. Señala todo lo que hace en forma excelente. Y dile que Dios lo ama siempre, ¡y tú también!

¡BRRR! SE ME CONGELÓ EL CEREBRO

… en ese momento el Espíritu Santo les
enseñará lo que deben responder.

LUCAS 12:12

Estás sorbiendo uno de tus granizados favoritos (el mío es el de **cereza), cuando de repente sientes un dolor punzante detrás** de los ojos. ¡Ay! ¿Qué sucede? No te preocupes. Es tan solo una pequeña *ganglioneuralgia esfenopalatina.* Mejor ni intentemos pronunciar *eso* y

llamémosle a este terrible dolor de cabeza por su nombre común: conge-lamiento cerebral.

Los científicos no pueden explicar por completo el congelamiento cere-bral. Pero sí saben la causa: comer alimentos fríos o tomar bebidas heladas muy rápido, como granizados gigantes de cereza. Ellos creen que estos ali-mentos enfrían el paladar, o el techo de la boca, y cambia el flujo sanguíneo al cerebro. Eso hace que los nervios cercanos digan: «¡Ay!», y que sientas un dolor de cabeza. Los científicos creen que tal vez sea una manera en que el cuerpo protege al cerebro para que no se enfríe demasiado, o se «congele». Por eso se le llama congelamiento cerebral. Y porque es mucho más fácil que decir *ganglioneuralgia esfenopalatina*.

También hay otra clase de congelamiento cerebral. Sucede cuando de repente no nos salen las palabras. A veces, nos pasa cuando estamos nervio-sos, por ejemplo, frente a una gran multitud, o cuando estamos intentando hablarle a alguien de Jesús. Tal vez se deba a que pensamos que hablar de Jesús es tan importante que no queremos equivocarnos, o tenemos miedo de que la otra persona nos rechace. Para detener un congelamiento cerebral, «precalienta» pensando en lo que quieres decir de antemano, practica decirlo y, lo más importante de todo, ora. Porque Dios promete que su Espíritu Santo te ayudará a saber qué decir. Y créeme, ¡será mucho más fácil de decir que *ganglioneuralgia esfenopalatina*!

Dios, a veces tengo miedo de decir algo incorrecto. Por favor, ayúdame a saber qué decir y a hablarles con confianza a otros sobre ti. Amén.

EXPLORA LAS MARAVILLAS

¿Se te congeló el cerebro y quieres una solución rápida? Empuja la lengua contra el paladar. (También puedes usar tu pulgar, ¡pero que esté limpio!). El calor calmará esos vasos sanguíneos y nervios, y aliviará el dolor. Y la próxima vez, toma ese granizado un poco más despacio.

LOS LIMPIADORES DE LA NATURALEZA

Dios el Señor tomó al hombre y
lo puso en el jardín del Edén para
que lo cultivara y lo cuidara.

GÉNESIS 2:15

Coyotes, buitres, cucarachas y tiburones… ¡conoce a los *carro-ñeros*! Estos animales comen basura, plantas secas y carroña, que es la palabra científica para «animales muertos». *¡Qué asco!* Sin embargo, piénsalo. ¿Qué pasaría si todo eso nunca se limpiara? ¡Qué desastre grande y peligroso sería! Porque todo eso que se pudre es el lugar perfecto para que crezcan las enfermedades y las bacterias dañinas.

Ahí es donde participan los carroñeros. Estos animales están especialmente diseñados para ocuparse de la basura. Como los buitres... su cabeza calva es más fácil de mantener limpia, y el ácido superfuerte de su estómago hace que pueda comer más comida podrida sin enfermarse.

Puedes encontrar carroñeros por todas partes. Los buitres y los cuervos vuelan por el cielo buscando cosas muertas para comer. Los insectos como las cucarachas y las moscas también ayudan. Hay mamíferos, como los coyotes, zorros e incluso osos polares, que hacen su parte. Las tortugas ayudan a mantener limpios los ríos. Los cangrejos, las langostas y los tiburones hacen su trabajo en el mar.

¿No es maravilloso cómo Dios se ocupa de nuestro mundo? ¡Incluso creó animales para que se hagan cargo de la basura! ¡Tú también puedes ser parte del equipo limpiador de Dios! Empieza con el mundo que te rodea. Hazte el hábito de caminar por tu vecindario o tu calle una vez a la semana y levantar toda la basura que veas. Asegúrate de usar guantes y permite que un adulto se encargue de las cosas peligrosas, como el vidrio roto. Si cada uno se encarga de su rinconcito en el mundo, ¡podemos mantener limpio este planeta que Dios nos dio!

Señor, gracias por este mundo maravilloso que nos diste. Abre mis ojos para ver cómo puedo ser parte de tu equipo de limpieza. Amén.

EXPLORA LAS MARAVILLAS

¿Alguna vez viste un grupo de mariposas en un charco de lodo? ¿Qué están haciendo? ¡Buscando basura! Así es, esas delicadas criaturitas también son carroñeras. Las mariposas se juntan donde hay lodo, estiércol e incluso animales y peces muertos, y lamen las sales y otros minerales que no pueden obtener de las flores. ¡A esto se le llama encharcamiento!

LA MARAVILLA INTERIOR

Dios hizo todo hermoso en su momento...

ECLESIASTÉS 3:11

No todas las rocas son tan solo rocas. Algunas tienen un tesoro de cristales escondido en su interior. Se llaman geodas. *Geoda* viene de la palabra griega que significa «como la tierra». Después de todo, las geodas suelen ser redondas. La mayoría mide más o menos como una pelota de tenis. Pero algunas son tan pequeñas como una monedita, y hay otras tan grandes como tu habitación, ¡o incluso más grandes!

Las geodas se crean en los espacios vacíos dentro de las raíces de los árboles, viejas madrigueras de animales, o incluso rocas. Las raíces del árbol se pudren y, por supuesto, los animales excavan madrigueras, dejando espacios vacíos. Pero ¿cómo se forma un espacio vacío dentro de una roca? Puede suceder cuando la lava brota de los volcanes. Las burbujas de lava se revientan cuando la lava se enfría y se transforman en rocas, dejando un espacio hueco. El agua se filtra por esos espacios y deja minerales, como el cuarzo o la ametista. Con el paso de cientos e incluso miles de años, los minerales se transforman en hermosos cristales.

A Dios le encanta sorprendernos con belleza… ¡aun dentro de una roca! A veces, está a la vista y es fácil de detectar. Pero otras veces, la esconde como un tesoro, para que la encontremos. Por ejemplo, ¿alguna vez viste una caracola rota? En su interior hay un remolino de color. ¿O qué me dices del interior de la rama de un árbol, con todos sus anillos? Dios esconde algo maravilloso en cada parte de su creación, y espera que lo descubras. Busca las maravillas escondidas de Dios. Y cuando encuentres una, ¡alaba al Señor, que hace que incluso las cosas más comunes sean extraordinarias!

Dios, gracias por las maravillas que me rodean. Muéstrame hoy algo que no haya notado antes. Amén.

EXPLORA LAS MARAVILLAS

La geoda más grande que se conoce es tan grande que se puede caminar en su interior. Unos obreros que cavaban un pozo la descubrieron en 1897. Primero pensaron que era una cueva, pero en realidad era una sola roca: una geoda. Las paredes estaban (y todavía están) cubiertas de cristales de celestina, ¡que llegan a medir casi un metro de alto! Se llama la Cueva de Cristal, y se puede visitar en Put-it-Bay, en Ohio, Estados Unidos.

ROBOT ASTRONAUTA

… alabaré jubiloso las obras de tus manos. Oh
SEÑOR, ¡cuán imponentes son tus obras […]!

SALMOS 92:4-5

Ya sabes lo que es un astronauta, ¿pero alguna vez escuchaste algo sobre Robonauta? Es un robot astronauta. Y es parte de la tripulación a bordo de la Estación Espacial Internacional, que se lanzó por primera vez al espacio en 1998.

Cuando Robonauta llegó a la Estación Espacial en 2011 era apenas un cuerpo, brazos y una cabeza. Un poco raro, ¿no? Pero después de un «rápido» viajecito a la Tierra en 2014, Robonauta tiene piernas. En vez de pies, tiene abrazaderas para sostenerse. Robonauta está aprendiendo a hacer tareas sencillas en la Estación Espacial, como cambiar los filtros de aire y limpiar.

¿Para qué sirve enviar robots al espacio? Pueden ir a lugares peligrosos donde los humanos no llegan, por ejemplo, donde hace demasiado calor o frío. No necesitan oxígeno, comida ni agua. No tienen que dormir, y pueden sobrevivir durante años en el espacio. La NASA está trabajando en Robonautas que, algún día, servirán como exploradores en lugares como Marte.

Robonauta (o R2, como le dicen sus amigos) es increíble. Es decir, ¡es un robot! ¡En el espacio! Pero, aunque los científicos crearon un robot maravilloso, no se compara con la creación de Dios: nosotros. Aun las piernas nuevas de Robonauta, muy elegantes y que valen millones de dólares, son apenas una imitación torpe de nuestras propias piernas. Es cierto, R2 puede agarrarse a ciertas cosas. Pero nosotros podemos caminar, correr, andar en patines y bailar. Dios nos hizo a cada uno de una manera maravillosa y asombrosa (Salmos 139:14). Así que, aunque los robots pueden parecer geniales, ¡lo más genial de todo eres tú, la creación de Dios!

Dios, te alabo por la maravillosa manera en que me hiciste. Gracias por hacerme incluso más genial de lo que cualquier robot jamás podría ser. Amén.

EXPLORA LAS MARAVILLAS

¡La NASA está trabajando en muchos más robots! Está PUFFER, un robotito liviano y plegable. Este robot de dos ruedas puede aplanarse para explorar espacios pequeños y reducidos. (¡Está inspirado en el origami!). El robot Hedgehog [erizo], en forma de cubo, está construido para saltar y voltear por asteroides y cometas. Y después está Valkyrie, un robot con forma más humana, ¡que se está construyendo para futuros asentamientos en Marte!

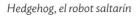

Hedgehog, el robot saltarín

42

¿ENRULAR O NO ENRULAR?

Los ojos del Señor están en todo lugar…

PROVERBIOS 15:3

¿Enrular o no enrular? Esa es la pregunta. Bueno, en realidad, la pregunta es: «¿Por qué algunas personas tienen cabello enrulado y otras tienen cabello lacio?». La respuesta tiene que ver con los folículos.

Los folículos son pequeños órganos, como tu corazón o tus pulmones, ¡pero mucho más pequeños!

Están apenas adentro de tu cuero cabelludo, y su trabajo es fabricar cabello nuevo. Una vez que un folículo crea el cabello nuevo, lo empuja hacia arriba y a través de un tubo, para que salga por tu cuero cabelludo. La forma del folículo decide si tendrás cabello lacio o enrulado. Un folículo redondo crea cabello lacio, mientras que un folículo ovalado puede dar cabello ondulado o bien enrulado.

Lacio o enrulado, Dios conoce cada cabello que hay en tu cabeza (Mateo 10:30). Eso se debe a que Dios te *ve*... y no solo ve tu apariencia. Ve tus pensamientos, tus sentimientos, tus preocupaciones y tus miedos. No es porque sea muy entrometido. Es porque te ama. Y como Dios te ve y conoce todo sobre ti, sabe exactamente cómo ayudarte. Dios quiere que tú también veas a las personas. No solo cómo son por fuera o lo que hacen, sino *cómo* están. Presta atención. ¿Acaso tu mamá necesita un abrazo? ¿Tu papá necesita que te rías de algún chiste un poco tonto? ¿Tu amigo necesita hablar? ¿Qué ves? ¿Y qué puedes hacer con respecto a lo que ves? No pases como si nada sucediera. Saluda, abraza a algún amigo, déjales ver a los demás que los ves.

Señor, enséñame a ver realmente a los que me rodean. Y ayúdame a hacer todo lo que pueda por ayudarlos y mostrarles tu amor. Amén.

EXPLORA LAS MARAVILLAS

Tu cabello es dorado, no importa de qué color sea. Eso se debe a que contiene partículas microscópicas de oro... unos dos miligramos. Es cierto, no es mucho... un sujetapapeles pesa unos mil miligramos. ¿Cómo llegó el oro ahí? ¡Te lo comiste! En el agua y el suelo de la Tierra hay oro. Las plantas lo absorben, los animales comen las plantas y nosotros nos comemos las dos cosas. ¡Otra que «Ricitos de oro»!

QUE RESBALE

Dios nos escogió en él antes de la creación
del mundo, para que seamos santos y
sin mancha delante de él. En amor...

EFESIOS 1:4

Como los patos pasan la mayor parte de sus vidas en el agua, necesitan una manera de permanecer calentitos y secos. Por eso, Dios les dio plumas; en realidad, dos clases diferentes de plumas. El plumón está formado por plumas suaves y esponjosas, cercanas a la piel. Estas plumas atrapan pequeñas cantidades de aire que actúan como aislantes y mantienen el calor. Encima del plumón hay una serie de plumas más grandes y rígidas. Cada una tiene pequeñas barbicelas ganchudas en los bordes que se unen entre sí como si fueran un abrojo. Estas crean un sello a prueba de agua que mantiene secos a los patos, incluso si se sumergen debajo del agua. Cuando vuelven a salir a la superficie, el agua se desliza sin problemas.

Eso deberíamos hacer nosotros... no la parte sobre el agua, sino dejar que las cosas nos resbalen. Los insultos y las palabras mezquinas pueden perforarte como una espada. Pero (y esto es importante) pierden su poder para lastimarte cuando recuerdas lo que Dios dice sobre ti: ¡Él te eligió! Permite que la verdad sobre cuánto te ama te envuelva como plumas suaves y te mantengan calentito. Y que la realidad de que eres *su* hijo maravillosamente creado te cubra como un sello a prueba de agua. Así, las palabras dañinas te resbalarán como el agua se desliza por la espalda de un pato.

Dios, cuando alguien lastime mis sentimientos con sus palabras, ayúdame a recordar quién soy en realidad... ¡tu hijo! Amén.

EXPLORA LAS MARAVILLAS

Las personas necesitan escuchar cosas buenas sobre ellas. Es más, los científicos dicen que hacen falta al menos cinco comentarios buenos para compensar un solo comentario malo. Como nunca se sabe quién está pasando un mal día, intenta decirle algo positivo a todos los que te encuentres. Pero no te conformes con usar cualquier palabra. Asegúrate de que lo que dices sea útil, amable y verdadero. ¡Desafíate a animar a alguien todos los días!

44

¡NO ES NINGÚN CHISTE!

El charlatán hiere con la lengua como con una
espada, pero la lengua del sabio brinda alivio.

PROVERBIOS 12:18

¡El Parque Nacional Yellowstone está ubicado justo encima de un volcán activo! Eso significa que mucho magma (o roca derretida) se revuelve debajo de la tierra. En algunos lugares, ese magma calienta el agua subterránea y forma géiseres. El agua puede calentarse de tal manera que hace erupción, disparando agua y vapor por el aire.

Old Faithful [Viejo Fiel] es el géiser más famoso. ¿Adivinas por qué se llama así? Porque hace erupción fielmente alrededor de veinte veces al día. Cada una o dos horas, ¡Old Faithful dispara miles de litros de agua y vapor que

alcanzan entre 30 y 50 metros de altura! Cada erupción dura entre un minuto y medio y cinco minutos. Y el agua está bien caliente, a unos 95 grados centígrados. (¡El agua hierve a los 100 grados!). El vapor es incluso más caliente, está a unos 175 grados. ¡Así que no te acerques demasiado! ¡Todo el vapor y el agua que salen disparados pueden ocasionar una quemadura terrible!

Los géiseres no son lo único que puede dispararse y ocasionar quemaduras. Nuestras palabras pueden hacer lo mismo. Algunos creen que es divertido «quemar» a otros con insultos. Quizás incluso digan: «Estaba bromeando», o «¡Es solo un chiste!». Pero *quemadura* es la palabra perfecta para describir el dolor que producen estas palabras. Aquí tienes un consejo: si tienes que aclarar «es un chiste», entonces no es ninguna broma. Asegúrate de reírte *con* alguien y no *de* alguien. Sé cuidadoso (y no descuidado) con tus palabras. Si quieres hacer reír a alguien, cuéntale un chiste de verdad. Como este: *¡Toc, toc!* ¿Quién es? *Abraham.* ¿Y cómo te vamos a abrir si no nos dices quién es?

Dios, te pido perdón por las veces en que «quemé» a las personas con mis palabras. Ayúdame a usar mis palabras para hacer que los demás sonrían. Amén.

Handkerchief Pool in the Yellowstone National Park

¿Tienes algún pañuelo sucio? Bueno, si hubieras estado en Yellowstone hace unos cien años, podrías haberlo arrojado al Handkerchief Pool [Estanque del pañuelo]. Después de un minuto, se iba al fondo del estanque... ¡y aparecía de nuevo mucho más limpio! Tristemente, demasiadas personas arrojaron basura al estanque y se tapó. Todavía se puede visitar. Pero no se pueden arrojar más pañuelos.

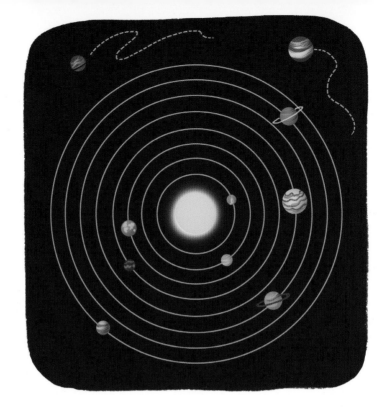

 45

SiGUE TU CAMiNO

¿Quién es el que me ama? El que hace
suyos mis mandamientos y los obedece...

JUAN 14:21

Los planetas de nuestro sistema solar —Mercurio, Venus, la Tierra, Marte, Júpiter, Saturno, Urano y Neptuno, e incluso el planeta enano Plutón—, *orbitan*, o giran en círculo, alrededor del sol. Cada planeta tiene su propio recorrido mientras gira y gira. Pero esto no sucede con todos los planetas del universo. Desde la década de 1990, los astrónomos descubrieron planetas errantes. *Errante* significa algo que no actúa como se espera. Estos planetas no se comportan como los astrónomos esperarían. Es decir, no orbitan alrededor de una estrella, como la Tierra orbita alrededor del sol. Los planetas errantes van a la deriva por el universo, cada uno por su cuenta.

Los astrónomos creen que hay miles y miles de millones de planetas errantes. Se piensa que tal vez haya más planetas errantes que estrellas.

Podemos aprender algo de estos planetas. Verás, en este mundo, hay muchos que eligen hacer cosas malas, y que hasta casi esperan que nosotros también las hagamos; que digamos mentiras, hagamos trampa, chismeemos y robemos. Pero Dios quiere que su pueblo sea diferente. Nos llama a ser «apartados» y «santos». Eso no significa que seamos perfectos o mejores que los demás. Sencillamente, significa que intentamos hacer lo que a Él le agrada. Tratamos de vivir de una manera que les muestre a otros lo bueno que es Él. Y en este mundo, ¡puede ser muy bueno no «girar» como todos los demás!

Señor, a veces es difícil no hacer lo mismo que los demás. Muéstrame cuándo debería comportarme como un «planeta errante» y seguirte, ¡y ayúdame a ser valiente para lograrlo! Amén.

EXPLORA LAS MARAVILLAS

Ir por tu propio camino (aun si es el camino de Dios) puede hacerte sentir un poco solo; incluso puede darte miedo. Por eso, los «errantes» tienen que permanecer juntos. Cuando ves que alguien defiende lo correcto, ¡únete y acompáñalo! Y recuerda, cuando dos o más personas se ponen de acuerdo y defienden a Dios, ¡Jesús los acompaña (Mateo 18:20)!

46

¿TE ESTÁS SONROJANDO?

«… mi poder se perfecciona en la debilidad».

2 CORINTIOS 12:9

Imagina esto: **estás caminando por el pasillo de la escuela y te das vuelta para saludar a un amigo.** Cuando vuelves a darte vuelta, ¡PAF!, te chocas contra un casillero. Miras para todos lados, para ver si alguien se dio cuenta, y de repente sientes la cara caliente, el corazón te late a toda velocidad y tienes las mejillas coloradas. ¡Te estás *sonrojando*!

Los humanos son los únicos animales que se sonrojan. Los perros, los caballos, los gatos y los tejones no se ponen colorados. Es algo que sucede cuando nos sentimos avergonzados. O cuando nos atrapan haciendo algo que está mal. Como cuando un maestro te llama pero no estabas prestando atención. Incluso puede pasar cuando alguien te dice que eres genial. Estar avergonzado tal vez te haga sentir deseos de esconderte. Porque se te pone el rostro de un color rojo brillante, y parece un cartel luminoso que le cuenta a todo el mundo cómo te sientes.

Te sonrojas cuando tus sentimientos producen una reacción en tu cuerpo. Se libera una hormona (un químico que fabrica tu cuerpo) llamada adrenalina. Esta hace que unos pequeños vasos sanguíneos, llamados capilares, se agranden y lleven más sangre a tu piel, y por eso se te pone la cara rosada o colorada. Es imposible evitar sonrojarse, pero sí puedes decidir qué hacer a continuación.

No te preocupes. Ríete un poco. Déjalo atrás. (Todo el mundo se estrella contra un casillero o se cae de cara al suelo de vez en cuando. ¿No?). No te quedes atascado en ese momento, dándole vueltas a la situación. Porque, no importa cuántos errores vergonzosos cometas, Dios sigue obrando en tu vida. ¡Que esa verdad te fortalezca! No solo Dios está obrando, sino que también tiene planes maravillosos para ti.

Los animales no se sonrojan, pero algunos sí se ríen. Los chimpancés se ríen cuando les hacen cosquillas o cuando juegan. Las ratas «chirrían» cuando les hacen cosquillas. Y los perros hacen un sonido que es una mezcla de risa y jadeo cuando están felices. Ahora, si me disculpan, ¡tengo un excelente chiste para contarle a mi perro, London!

Señor, es horrible sentirse avergonzado. Por favor, ayúdame a seguir adelante y no perder ni un momento contigo. Amén.

97

SIESTAS VERANIEGAS

... Jesús les dijo: —Vengan conmigo ustedes
solos a un lugar tranquilo y descansen un poco.

MARCOS 6:31

Ya has escuchado hablar de la hibernación. Es cuando los animales duermen todo el invierno. Pero hay algunos animales que duermen todo el verano. Se llama estivación o sueño de verano. Las abejas, los caracoles, las mariquitas, los cocodrilos y las tortugas son algunos de los animales que duermen durante el verano. Esto en general sucede en el desierto o las zonas tropicales, donde las temperaturas suben tanto que es difícil encontrar agua y alimento. Los animales encuentran un lugar fresco, seguro y a la sombra, como adentro de un árbol caído, o se amadrigan en la tierra o el lodo. A diferencia de los que duermen en invierno, los dormilones veraniegos pueden despertarse con facilidad si los amenaza algún peligro o si cambia el ambiente. Pero, hasta entonces, se toman un recreo.

Nosotros no nos tomamos muchos recreos en nuestro mundo tan ocupado. Así que probablemente podríamos aprender una o dos cosas de estos dormilones de verano. Si eres como yo, hay muchas cosas que te mantienen ocupado. Tal vez sean tus prácticas deportivas, los juegos o los recitales. Pueden ser los deberes escolares, la iglesia o las tareas domésticas. Pero todos necesitan un descanso. Por eso, Jesús les dijo a sus discípulos que descansaran.

Sin embargo, el descanso no tiene por qué ser dormir. Descanso también podría ser hacer algo que disfrutas, como jugar afuera, hacer un dibujo, leer un libro, o simplemente acurrucarse y pasar un tiempo con Dios. Cuando tu vida está ocupada y tienes mucho que hacer, ¡recuerda lo que hacen esos dormilones de verano, y toma un descanso!

Dios, me cuesta descansar... siempre parece haber tanto para hacer. Ayúdame a bajar la velocidad y decidir sencillamente quedarme quieto contigo. Amén.

EXPLORA LAS MARAVILLAS

Los niños pasan entre cuatro y seis horas al día con alguna clase de teléfono, televisor, tableta o pantalla de computadora. A veces, ¡hay más de una pantalla a la vez! Demasiado tiempo de pantalla puede causar problemas de sueño, aumento de peso y malas calificaciones. Y puede hacerles mucho daño a tus relaciones de la vida real. Toma un descanso de las pantallas. Remonta una cometa, lee un libro, haz un dibujo, tírate rodando por una colina... ¡haz algo en la vida real!

zona de luz

zona de crepúsculo

zona de medianoche

el abismo

las fosas

BIENVENIDO A LA ZONA
DE CREPÚSCULO

Suyo es el mar, porque él lo hizo...

SALMOS 95:5

¿Sabías que dentro de los océanos nieva? Se llama nieve marina. (*Marino* es algo que está conectado con el mar). Decididamente, no sirve para hacer muñecos de nieve. En vez de cristales de hielo, esta nieve está formada por pedacitos de plancton y animales muertos, bacterias y materia fecal (también conocida como popó).

Pero no te preocupes. Si visitas el océano, no vas a estar nadando en medio de esa tormenta de nieve. Esta nieve se encuentra en la zona de crepúsculo. Esa es la capa de agua que se encuentra entre los 200 y los 1.000 metros debajo de la superficie. Se la llama zona de crepúsculo porque no le llega casi nada de luz solar.

Estas aguas son frías y oscuras, pero están llenas de vida. Hay bacterias y animalitos superpequeños llamados zooplancton, junto con peces, calamares y animales gelatinosos. La nieve marina puede resultarnos desagradable, pero para estos animales es un banquete delicioso. Y al comer, también van limpiando el océano. Tú también puedes darles una mano. Eh... un tentáculo... una aleta... bueno, ya sabes a qué me refiero. Una de las cosas más sencillas y útiles que puedes hacer es evitar que el plástico llegue al océano, al usar menos cantidad. Prueba los sorbetes y las botellas de agua reutilizables. Usa bolsas de tela, en lugar de las de plástico. Reúsa y recicla siempre que puedas. Los océanos le pertenecen a Dios. Y una manera en que puedes mostrar tu amor por Él es cuidándolos.

Dios, creaste este mundo de maneras maravillosas... ¡incluso hiciste animales para mantenerlo limpio! Ayúdame a ver todas las maneras en las que yo también puedo limpiarlo. Amén.

Los científicos ven el océano como más que una simple masa de agua. Lo ven en capas. Como una especie de pastel mojado gigante que es *muy* salado. La capa de más arriba se llama la zona de luz. Después viene la zona de crepúsculo, y luego la zona de medianoche. Debajo, se encuentra el abismo. Y bien al fondo, las fosas. La capa de más abajo se encuentra a 6.000 metros debajo de la superficie... ¡son más de seis kilómetros!

¡ESTAMOS RODEADOS!

... tenemos en derredor nuestro
tan gran nube de testigos...

HEBREOS 12:1, LBLA

Si pudieras meterte en una nave espacial y volar hasta pasar la luna, Neptuno y Plutón, te encontrarías en la Nube de Oort. La Nube de Oort rodea nuestro sistema solar como una burbuja inmensa. Está formada por millones de partículas heladas y chatarra espacial. Algunas tienen el tamaño de una montaña... ¡o más grandes! Los astrónomos creen que la mayoría de los cometas vienen de ahí.

La Nube de Oort está tan lejos que la nave espacial *Voyager 1* no llegará a su borde hasta dentro de otros 300 años, ¡aunque salió de la Tierra en 1977, ¡y recorre más de un millón y medio de kilómetros por día! Después, ¡al *Voyager 1* le llevará otros 30.000 años atravesar toda esa nube gruesísima!

Así como la Nube de Oort rodea nuestro sistema solar, nosotros también estamos rodeados. No por objetos helados, sino por una «gran nube de testigos». Son las personas que nos muestran lo que significa seguir a Dios. Pueden ser padres, maestros, pastores y amigos. Pueden ser héroes de la fe modernos como Dietrich Bonhoeffer, que les hizo frente a los nazis en la Alemania de la Segunda Guerra Mundial, o Elisabeth Elliot, que en 1958 se transformó en misionera en la tribu que mató a su esposo. Y pueden ser las personas de la Biblia, como Ester y Daniel, que nos enseñan a ser valientes incluso cuando todo el mundo parece estar en nuestra contra.

No es fácil llevar una vida de fe, pero nunca estás solo. ¡Hay una gran nube de personas que te ayudan y te animan!

Dios, por favor, llena mi vida de personas que me muestren cómo amarte y servirte. Amén.

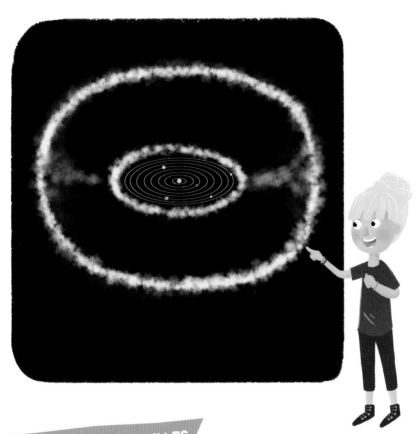

El cinturón de Kuiper es un disco helado que rodea la órbita de Neptuno, y alberga a Plutón y muchos otros KBO. (Eso quiere decir objetos del cinturón de Kuiper, por sus siglas en inglés). Uno de ellos, Eris, es un poco más pequeño que Plutón y tiene su propia luna. Arrokoth es rojo y tiene la forma de un muñeco de nieve. Y Haumea se parece a un balón desinflado y gira de un lado al otro cada varias horas.

TRABAJAR JUNTOS

Cada uno ponga al servicio de los
demás el don que haya recibido…

1 PEDRO 4:10

En Mozambique, África, ¡hay una conversación alocada entre aves y humanos! Para el pueblo yao, la miel es una parte importante de su dieta. Dependen de los pájaros indicadores para que los guíen hacia ella. La gente usa un llamado especial que suena como *brrr-jm,* y le dice a los pájaros que está lista para ir a buscar miel. Las aves van guiando, mientras «conversan» con las personas para que las sigan.

Cuando divisan las colmenas (en general, en lo alto de los árboles), los yao trepan, calman a las abejas con humo, abren las colmenas y sacan la miel.

Después, los pájaros entran para llevarse la cera y las larvas riquísimas (¡para ellos!). Sin los pájaros, los yao no podrían encontrar las colmenas. Y sin los yao, las aves no podrían enfrentarse a las abejas para obtener sus dulces.

A esto se le llama mutualismo. Eso significa que se ayudan los unos a los otros. Los científicos creen que los pájaros nacen sabiendo cómo hacerlo. En otras palabras, Dios creó a los indicadores y a las personas para que trabajen juntos. Se parece un poco a cómo nos hizo para que trabajemos juntos.

Todos tienen algo para ofrecer. Piensa en tus amigos. Tal vez alguno sabe de deportes y puede explicar las reglas. O tu amigo que es un genio en matemáticas puede resolver problemas supercomplicados. O alguien que es excelente para dar ánimo a otros puede levantarte en un mal día. Cuando usamos nuestros dones y trabajamos juntos, creamos algo mejor de lo que podríamos hacer por nuestra cuenta, ¡y eso nos señala la bondad de Dios!

Dios, muéstrame cómo usar los dones que me diste para mostrar tu bondad al mundo. Amén.

EXPLORA LAS MARAVILLAS

El kinkajú es un experto comedor de miel, lo cual explica su sobrenombre: «oso de la miel». Sin embargo, no es un oso. Y aunque usa su larga cola para pasar de árbol en árbol, tampoco es un mono. En cambio, ¡es un primo de los mapaches! Vive en la selva tropical de Centroamérica y Sudamérica, ¡y usa su larga lengua (de hasta trece centímetros de largo) para chupar la miel directo desde la colmena!

¿ALGUIEN TIENE UN CARAMELO PARA LA TOS?

El que es bueno, de la bondad que
atesora en el corazón produce el bien…

LUCAS 6:45

Con sus orejas redondas, su naricita negra y su pelaje gris y blanco, el koala parece un oso de peluche que cobró vida. Pero, aunque a veces se le llama *oso* koala, el koala no es un oso. Es un marsupial, igual que el canguro.

Los koalas viven solo en un lugar en el mundo: Australia. Se pasan la mayor parte de sus vidas (tanto como 22 horas al día) durmiendo arriba de árboles de eucalipto. Es un lugar bastante conveniente, porque lo único que comen es hojas de eucalipto. Nada de bayas, semillas ni nueces. Solo hojas de eucalipto.

Bueno, las hojas de eucalipto tienen un aroma muy fuerte. Es más, los aceites de estas hojas se suelen usar para hacer gotas para la tos, así que tal vez hayas sentido su fuerte aroma. Como los koalas comen tantas hojas de eucalipto, ¡a veces tienen olor a gotas peludas para la tos!

Lo que entra *siempre* sale. Es cierto para los koalas y su aroma a gotas para la tos, y también es cierto para nosotros. No me refiero a que si te comes una pizza tendrás olor a pizza. Pero si pones cosas como enojo, celos, odio o chisme en tu corazón, ¿adivina qué saldrá en tus palabras y acciones? Esas mismas cosas desagradables. Pero si pones el amor, la alegría y la bondad de Cristo en tu corazón, entonces esas cosas saldrán, ¡y tendrán un «aroma» muy dulce!

Señor, ayúdame a librarme de las cosas feas en mi corazón y mi mente, y a llenarme de tu amor. Amén.

EXPLORA LAS MARAVILLAS

Los canguros pertenecen a la familia de los macropódidos, que significa: «pies grandes». Esos pies grandes ayudan a los canguros a saltar hasta alcanzar casi dos metros en el aire, y a cubrir más de siete metros de un solo salto. Además, los canguros pueden saltar a más de cincuenta kilómetros por hora... ¡más rápido de lo que cualquier humano puede correr! Pero hay un movimiento que los canguros no pueden hacer... ¡no pueden caminar hacia atrás!

¿¡MARES QUE BRILLAN!?

El Hijo es el resplandor de la gloria de
Dios, la fiel imagen de lo que él es...

HEBREOS 1:3

Durante siglos, los marineros han hablado de mares misteriosos y brillantes. Y, durante siglos, los científicos pensaron que eran tan solo cuentos de miedo... hasta hace poco.

En 1995, el SS *Lima* estaba navegando por el océano Índico, cerca de Somalia. De repente, los marineros se encontraron rodeados de aguas brillantes. En 2005, los científicos decidieron verificar su historia utilizando fotografías tomadas por satélites espaciales... ¡y era verdad! El resplandor se extendía casi diez mil kilómetros cuadrados. ¡Eso es casi tres millones de estadios de fútbol!

¿Qué producía el resplandor? Unos 40.000 millones de bacterias bioluminiscentes llamadas *Vibrio harveyi*. Bioluminiscente significa que estas bacterias crean su propia luz. Los científicos creen que brillan para atraer a los peces. Es que *quieren* que las coman. Porque, para estas bacterias, no hay mejor lugar que estar que en la barriga de un pez, donde pueden multiplicarse fácilmente. Hogar dulce... ¿hogar? ¡Qué asco!

Los marineros han hablado de estos mares resplandecientes desde el siglo XVII, pero los científicos no les creían. Al menos, hasta que tuvieron pruebas fotográficas. Tuvieron que verlo con sus propios ojos. Lo que sucede es lo siguiente: no podemos ver a Dios con nuestros ojos por ahora. Pero no hace falta que lo veamos para saber que es real. Esto se debe a que podemos ver toda la luz y el amor que Dios derramó en este mundo a través de Jesús: en la manera en que ayudaba a los demás, en cómo recibía a los niños pequeños y en cómo sigue amando incluso a los más difíciles de amar. Cuando ayudamos, recibimos y amamos a otros, alumbramos algo de esa luz y ese amor celestial sobre este mundo oscuro.

EXPLORA LAS MARAVILLAS

Durante siglos, los marineros vieron lo que nadie más había visto. ¿Qué cosas puedes descubrir que nadie más haya visto? Toma una lupa y emprende una aventura en tu propio patio o tu vecindario. (Primero, ¡pídele permiso a alguno de tus padres!). Mira las cosas grandes y las pequeñas: desde plumas de aves hasta piedritas y árboles gigantes. ¿Qué hay en el maravilloso mundo de Dios que puedas ver? Sé científico al respecto y registra tus descubrimientos en un diario.

Dios, gracias por Jesús, y por todas las maneras en que me ayuda a ver quién eres en verdad. Amén.

UNA GUÍA CELESTIAL

Pero el Consolador, el Espíritu Santo,
a quien el Padre enviará en mi nombre,
les enseñará todas las cosas y les hará
recordar todo lo que les he dicho.

JUAN 14:26

GPS; está prácticamente por todas partes hoy en día. Está en nuestros teléfonos inteligentes, en nuestro auto, ¡incluso en algunos relojes! Nos dice dónde estamos y cómo llegar adonde queremos ir. Pero ¿qué es exactamente el GPS?

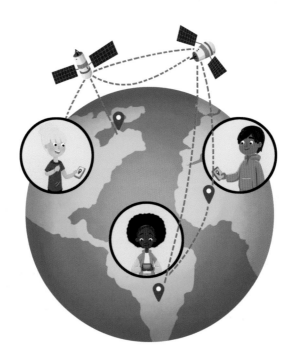

GPS significa «Sistema de posicionamiento global». Y es una manera realmente genial de ver dónde están las cosas en la Tierra. Más de noventa y cinco satélites giran alrededor de nuestro planeta y envían señales. Un receptor de GPS (como un teléfono) escucha y recibe esas señales. Cuando recibe, o capta, las señales de al menos cuatro satélites diferentes, ¡puede descubrir exactamente dónde estás, a veces incluso a pocos centímetros! Después, el GPS usa esa información para guiarnos adonde queremos ir.

¿Quieres saber algo incluso más increíble? Cuando decides seguir a Dios, Él te da una guía mejor que cualquier GPS. Se podría decir que es el Sistema de Posicionamiento de Dios. En realidad, es el Espíritu Santo. Es el Espíritu del mismo Dios, y viene a morar en tu interior para ayudarte a vivir como Dios quiere. El Espíritu Santo puede decirte exactamente dónde estás en tu caminar con Dios y cómo acercarte más a Él. En vez de satélites, usa la Palabra de Dios y a las personas para decirte en qué dirección ir. Y todas sus indicaciones son perfectas siempre. Escucha al Espíritu Santo, ¡y Él te guiará hasta tu hogar en el cielo!

Dios, gracias por enviar al Espíritu Santo a guiarme y ayudarme. Enséñame a escuchar lo que me dice sobre ti. Amén.

EXPLORA LAS MARAVILLAS

El espacio es gigante, pero se está llenando bastante ahí arriba; en especial, cerca de la Tierra. En abril de 2020, había 2.666 satélites funcionales en el espacio (y miles más que ya no funcionan). Cientos más se lanzaron cada año para cuestiones como comunicación, internet, seguridad y para vigilar el ambiente.

¡NO TE OLVIDES!

... ¡yo no te olvidaré!

ISAÍAS 49:15

¿**C**uál es el mejor día que has tenido? Tal vez fue un viaje al parque de diversiones, un campamento con amigos o un día con tus abuelos. ¿Qué recuerdas sobre ese día? Si eres como yo, recuerdas todo lo que comiste, lo que viste e incluso el olorcito que había en el aire. Fue el mejor día, ¡y no quieres olvidar ni un detalle!

Pero ¿qué me dices de ese examen importante la semana pasada? ¿Recuerdas todavía quién fue el cuarto presidente del país? ¿O cuánto es 11 x 12? ¿Por qué algunas cosas son más sencillas de recordar? Tu cerebro decide qué información mantener y qué descartar. Usa la memoria a corto plazo para recordar algunas cosas durante un período breve. Y la memoria a largo plazo para recordar cosas... *a que no lo sabes...* un largo tiempo. Es más probable que todo lo que te interesa vaya a parar a la memoria a largo plazo.

Eso explica por qué Jesús se acuerda de las personas que otros olvidan: porque está interesado en todos. Como el ciego Bartimeo. Cuando llamó a Jesús para que lo ayudara, todos a su alrededor le dijeron que se callara. *Es tan solo el viejo Bartimeo,* pensaron. Estaban acostumbrados a verlo ciego y pidiendo. Se habían olvidado de que era una persona real con sueños y esperanzas, igual que ellos. Pero Jesús no se olvidó de Bartimeo; lo sanó (Marcos 10:46-52).

¿Hay personas de las cuales te estás olvidando? El vagabundo de la esquina. Ese niño al que siempre lo eligen último para los equipos. El anciano que siempre se sienta solo en la iglesia. ¿A quién puedes recordar y ayudar hoy?

Señor, gracias por recordarme siempre. Por favor, muéstrame a quién tengo que recordar hoy. Amén.

CORTO PLAZO

LARGO PLAZO

$11 \times 12 = 132$

PERÚ
LIMA

¿Recuerdas qué desayunaste ayer? ¿Y la semana pasada? ¿Qué me dices de hace tres años, dos meses y cuatro días? ¡Algunos sí se acuerdan! Se llama hipertimesia, y le sucede a unas treinta personas en todo el mundo. Estas personas recuerdan todo lo que les sucedió desde que tenían unos diez años. ¡Algunas incluso pueden recordar cosas que les pasaron cuando eran bebés!

¡NOS INVADEN!

Tomen el casco de la salvación […] de Dios.

EFESIOS 6:17

¡Las serpientes pitón están invadiendo! Es decir, Florida, en Estados Unidos. La pitón de Birmania suele vivir en el sudeste de Asia, pero los investigadores creen que llegó a Florida en la década de 1980. Ahora, miles y miles han invadido los humedales de los Everglades. ¡Ay, ay, ay!

La piel negra, tostada y marrón de la pitón se mimetiza perfectamente en los pantanos, haciendo que sea imposible detectarla. No tiene ningún depredador, y como una hembra puede poner entre 50 y 100 huevos por año, esa es una receta para grandes problemas.

¡Y sí que son *grandes* problemas! Las pitones pueden crecer hasta alcanzar ocho metros de largo y pesar noventa kilos. Comen cualquier cosa que puedan engullir con su inmensa mandíbula. En los Everglades, ya no hay conejos ni zorros. Los mapaches, las comadrejas y los gatos monteses también están peligrosamente cerca de desaparecer. Estas serpientes invasoras pueden cambiar completamente el ambiente de los Everglades... ¡para peor!

Sin embargo, la pitón no es la invasora más peligrosa. ¡El diablo es el más peligroso! Intenta invadir tus pensamientos con mentiras sobre quién es Dios, quién eres tú y cómo deberías vivir. Por eso, Dios nos da el casco de la salvación (Efesios 6:10-18). Así como el casco de la bicicleta te protege la cabeza, el casco de la salvación usa la verdad de Dios para proteger tus pensamientos de las mentiras del diablo. Porque la verdad es que Dios te ama tanto que envió a Jesús a salvarte. Si alguna vez sientes que las mentiras invasoras del diablo atacan tus pensamientos, ponte el casco de la salvación... ¡y esas mentiras saldrán rebotando!

Señor, cuando el diablo intente invadir mis pensamientos, recuérdame que me coloque el casco de la salvación. Protégeme con tu verdad. Amén.

EXPLORA LAS MARAVILLAS

El problema de la pitón de Birmania empezó con las mascotas. Ahora es ilegal, pero vender pitones como mascotas solía ser un negocio excelente en Florida. Cuando las pitones mascota se volvían demasiado grandes, los dueños las liberaban en los pantanos. Después, en agosto de 1992, el huracán Andrew destruyó un edificio donde había cientos de pitones y otras serpientes. Estas también escaparon a los pantanos, ¡y allí fue cuando la cantidad de serpientes se disparó!

CUANDO LA TIERRA SE MOVIÓ

No se olviden de hacer el bien y de compartir con otros lo que tienen...

HEBREOS 13:16

Imagina: estás a principio de la década de 1800, y eres uno de los pocos colonizadores en el desierto de Tennessee. De repente, el suelo empieza a temblar. Enormes bloques de tierra se elevan y se quiebran con violencia. Los árboles se tumban como si fueran palillos de dientes. Y el río Mississippi, que está ahí cerca, salta hasta cinco metros en el aire y vuelve a caer.

Eso fue lo que sucedió entre diciembre de 1811 y marzo de 1812. Una serie de terremotos violentos abrieron un cráter de 32 kilómetros de largo por 11 kilómetros de ancho en el borde de Tennessee. Hicieron que el río Mississippi fluyera hacia atrás durante varias horas, llenando así el cráter y creando el lago Reelfoot.

Lago Reelfoot, Tennessee

Hoy en día, el lago Reelfoot es uno de los lugares más hermosos de la tierra. Cipreses calvos se elevan desde el agua, mientras un bosque de tocones se esconde apenas debajo de la superficie. La zona está llena de toda clase de plantas, flores, aves acuáticas y águilas americanas. De aquel terrible desastre, surgió una belleza maravillosa.

Pero la belleza más grande que surge de cualquier desastre es la manera en que el pueblo de Dios ama y ayuda a los que sufren. Tal vez te preguntes: ¿qué puedo hacer? Pero ayudar aunque sea a una persona puede producir un gran impacto. La próxima vez que haya algún desastre, decídete a ayudar. Junta monedas organizando una colecta. Ayuda a empacar cajas de provisiones. Recolecta comida. Y, por sobre todo, ora. Dios te oirá, y te ayudará a ayudar a otros; eso es incluso más hermoso que el lago Reelfoot.

Dios, cuando golpea un desastre, recuérdame que primero me debo detener y hablar contigo. Muéstrame cómo puedo ayudar a otros. Amén.

EXPLORA LAS MARAVILLAS

Aunque la escala de Richter, que mide los terremotos, no se inventó hasta 1935, los científicos creen que los terremotos de Reelfoot seguramente llegaron a 8.8. (El terremoto más poderoso registrado jamás fue en Chile, en la década de 1960, con 9.5). Los terremotos fueron tan fuertes que el presidente James Madison y su esposa, Dolly, sintieron los temblores en la Casa Blanca, ¡a más de 1.300 kilómetros de distancia! En Boston, sonaron las campanas de las iglesias, ¡y hasta se informaron temblores a 1.900 kilómetros, en Canadá!

57

YA ERA HORA

Vivan como gente que piensa lo que
hace [...]. Aprovechen cada oportunidad
que tengan de hacer el bien...

EFESIOS 5:15-16, TLA

¿Qué es un día? Es un amanecer y un atardecer. ¿No? Bueno, más o menos. Pensamos en un ciclo de día y noche como un día completo: 24 horas. Y lo es. A eso se le llama día solar. Pero un día también puede ser la cantidad de tiempo que le lleva a la Tierra girar completamente sobre su eje una vez. A eso se le llama día sideral. El día sideral de la Tierra tiene 23 horas, 56 minutos y 4,1 segundos. Es decir, unos cuatro minutos menos que un día solar.

Tierra

Júpiter

Venus

Neptuno

Eso significa que para que la Tierra vuelva a estar de frente al sol necesitaría girar cuatro minutos más.

Pero eso es cierto tan solo aquí en la Tierra. Si visitaras Júpiter, tendrías que apurarte mucho para hacer todo el trabajo de un día. Eso se debe a que un día en Júpiter dura solo unas diez horas. Un día en Venus tiene 5.832 horas, ¡o 243 días terrenales! Y en Neptuno, un año tiene 60.190 días… o casi 164 años terrenales. ¡Imagina si vivieras en Neptuno y tuvieras que esperar a que llegue tu cumpleaños!

A veces, parece que el tiempo vuela, y otras, que se mueve *muuuuy* despacio. Pero la realidad es que todos los días sobre la Tierra tienen 24 horas. Con cuatro minutos más o menos. ¿Qué estás haciendo con tus 24 horas? No las malgastes. Úsalas con sabiduría. Desafíate a hacer estas cosas todos los días: ayudar a alguien, animar a alguien, hacer ejercicio, descansar, jugar, reír, y lo más importante de todo: pasar tiempo con Dios. ¡No te pierdas la oportunidad de hacer el bien!

Dios, recuérdame cada mañana que pase mis 24 horas de maneras que te honren. Amén.

EXPLORA LAS MARAVILLAS

Tic, tac, tic, tac. Los relojes antiguos dicen la hora contando la cantidad de veces que un péndulo se mueve de un lado al otro. Los relojes más nuevos y los de pulsera miden las vibraciones de los cristales de cuarzo para determinar la hora. Pero los relojes atómicos (los más precisos que existen) usan el tiempo atómico. Eso significa que cuentan cuántas veces vibra un átomo de cesio. ¡Y vibra 9.192.631.770 veces por segundo!

58

¡NO LO HAGAS!

… El que me ama, obedecerá mi palabra…

JUAN 14:23

¡**N**o des vuelta a la página! En serio… ¡no lo hagas! *No* querrás ver la imagen de la próxima página.

Bueno, ¿cuántos dieron vuelta a la página? Sí, yo también espié un poquito. ¡Y eso que ya sabía lo que había! ¿Por qué a veces hacemos exactamente lo que nos dicen que no hagamos? Eso se llama *rebelión*. Significa desobedecer. La primera vez que apareció fue cuando Dios le dijo a Adán y a Eva:

«No coman de ese fruto». ¿Y qué fue lo que hicieron? Lo comieron. Es cierto, el diablo los tentó. Pero no los obligó a meterse la fruta en la boca. Ellos *decidieron* rebelarse.

Cuando nos enojamos o nos molestamos porque hay reglas que evitan que hagamos lo que queremos, eso se llama reactancia psicológica. Puede hacer que deseemos rebelarnos y romper las reglas, solo porque no queremos que alguien más nos diga qué hacer. Se parece a cuando un maestro dice que no hay que levantarse del asiento, y entonces lo único que se te ocurren son razones por las cuales tienes que levantarte.

Pero hay algo importante sobre las reglas; en especial, las reglas de Dios. Están ahí para protegernos y ayudarnos a vivir de la mejor manera posible. Como cuando Dios les dijo a Adán y a Eva que no comieran ese fruto. Él sabía que traería el pecado y la muerte y toda clase de problemas al mundo. Las reglas de Dios siempre son buenas, porque Él siempre es bueno. Así que cuando dice que hagamos algo (como no mentir, no engañar o robar, o amar a nuestro prójimo), no te rebeles. Confía en que Dios quiere solo lo mejor para ti.

Señor, quiero amarte y obedecerte siempre. Ayúdame a conocer y cumplir tus reglas, y a confiar en que son para mi bien. Amén.

EXPLORA LAS MARAVILLAS

¿Hay alguna regla que no te guste obedecer? Tal vez sea en la escuela, en casa o en el mundo. Pensemos un poco en esa regla. ¿Quién la creó? ¿Ayuda o protege a alguien (incluso si no eres tú)? ¿Está de acuerdo con las reglas de Dios? Antes de decidir rebelarte, piensa un poco, y ora primero.

SUSURROS Y BIGOTES

Tras el terremoto vino un fuego, pero
el Señor tampoco estaba en el fuego. Y
después del fuego vino un suave murmullo.

1 REYES 19:12

Los gatos los tienen. Los perros los tienen. Y las ratas también los tienen. Otros animales que los tienen son las ardillas, los venados, los leones marinos, las morsas e incluso los manatíes. ¿Qué son? ¡Bigotes! Casi todos los mamíferos tienen bigotes, excepto unos pocos, como el ornitorrinco, los equidnas, ¡y nosotros!

El término científico para bigotes es *vibrisas,* y cada uno está lleno de nervios. Un solo bigote de un gato tiene hasta doscientas células nerviosas,

¡pero un bigote de una foca tiene más de mil quinientas! Cuando los bigotes rozan contra algo o cuando el aire o el agua se mueve sobre ellos, esos nervios detectan toda clase de información sobre el tamaño, la forma, la ubicación y el movimiento de lo que estén tocando. Esto es especialmente importante en lugares donde está oscuro y a los animales les cuesta ver. Con suavidad y en silencio, los bigotes ayudan a los animales a encontrar su camino. Dios hace lo mismo por nosotros. Nos guía... no con bigotes sino con susurros. Como hizo con Elías, el profeta. Elías estaba agotado y asustado, porque huía de la reina Jezabel, que quería matarlo (1 Reyes 18—19). Así que Dios envió a Elías a una montaña. Primero, sopló un viento fuertísimo. Después, vino un terremoto y un incendio. Por último, apareció un murmullo suave y tranquilo, y allí fue cuando Dios le dijo a Elías adónde ir.

A veces, Dios habla con fuerza. Pero, en general, nos susurra (a través de su Palabra, su pueblo y el Espíritu Santo) para ayudarnos a encontrar nuestro camino.

Dios, ayúdame hoy a dedicar un tiempo a quedarme quieto y en silencio para poder escuchar tus susurros y no perderme nada. Muéstrame qué tienes para mí a continuación. Amén.

EXPLORA LAS MARAVILLAS

Si quieres saber cómo se siente un gato, mírale los bigotes. Cuando está contento, los bigotes están hacia los costados y un poquito caídos. Si tiene curiosidad o está emocionado, se despliegan hacia delante. Pero si los bigotes están hacia atrás, aplanados contra la cara, ¡cuidado! El gatito está enojado o asustado, ¡y está listo para atacar!

60

¡NO TE DESLICES POR AHÍ!

Me sacó de la fosa de la muerte,
del lodo y del pantano...

SALMOS 40:2

Los carnívoros son animales como los leones, los lobos y los tiburones, que comen carne. Pero ¿qué sucede con las plantas? ¡Sí! Las plantas también pueden ser carnívoras. Si viajas a Australia, Madagascar o al sudeste de Asia, ¡encontrarás plantas insectívoras tropicales!

Las hojas de algunas de estas plantas parecen comunes y corrientes, pero otras crecen hasta tener forma de vaso o copa. ¡Todo el vaso es una trampa! La tapa atrae a los insectos con un néctar que huele delicioso. A menudo, el vaso tiene el color de la carne podrida que a los insectos les encanta comer. El borde del vaso es ceroso y superresbaladizo. Así que cuando los insectos se arrastran o vuelan en busca de un bocadillo, se deslizan por el vaso encerado

de la planta hasta un charco de líquido pegajoso. Entonces, ¡es hora de comer para la planta!

La trampa de la planta insectívora se parece mucho a la que usa el diablo. Porque no nos dice: «Oye, mira este pecado grande, horrible y apestoso. ¿Quieres un poquito?». No, el diablo te atrae con algo pequeño que no parece ser gran cosa, y parece agradable. Tal vez, sea una «pequeña» mentirilla para evitar meterte en problemas. O un «pequeño» engaño para sacar una buena calificación. O una «pequeña» mala contestación a tus padres, porque todos los niños de la televisión lo hacen. Sin embargo, ese pecadito es una cuesta resbaladiza. Pronto, te estás deslizando hacia pecados cada vez más grandes, hasta que te encuentras atrapado en un charco pegajoso de pecado.

Pero hay una excelente noticia: Dios te rescatará. Dile que lo sientes y pídele ayuda; Él siempre te ayudará. Pero créeme: la vida es mucho mejor y más fácil si tan solo no te deslizas por ahí.

Dios, cuando el pecado empiece a parecerme dulce, por favor, dame la sabiduría para ver la verdad y la fortaleza para decir que no al pecado. Amén.

Algunos insectos y otros animales viven *dentro* de las plantas insectívoras. Las arañas pueden esconderse debajo de la tapa para atrapar a insectos desprevenidos. Hay ranas que se meten dentro del vaso para sacar moscas que llegan revoloteando adentro. Y algunas especies de plantas carnívoras incluso atraen musarañas arborícolas y murciélagos... no para comerlos, ¡sino para recolectar su popó rico en nutrientes! *¡Qué asco!*

125

61

TORMENTAS EN EL SOL

«Si se enojan, no pequen». No permitan que
el enojo les dure hasta la puesta del sol.

EFESIOS 4:26

Si el sol brilla, eso significa que no hay tormentas, ¿no? Bueno, eso es cierto aquí en la Tierra. Pero ¿en el sol? Eso es otra historia.

Desde la Tierra, el sol parece bastante tranquilo. Pero resulta que es un lugar tormentoso, lleno de tempestades solares, que empiezan con grandes explosiones llamadas fulguraciones solares. ¡Estas fulguraciones son más poderosas que un millón de bombas nucleares que explotan al mismo tiempo! Las fulguraciones solares por eyecciones de masa coronal (CME, por sus siglas en inglés). ¡Las CME disparan corrientes con carga eléctrica que se dirigen a la Tierra a más de cuatro millones de kilómetros por hora!

Las tormentas solares suceden mucho más a menudo de lo que nos damos cuenta. A veces, varias tormentas se desatan en el mismo día, y otras veces, pasan días enteros sin que haya ninguna CME. La mayoría de las tormentas solares son inofensivas, pero las más poderosas pueden cortar las señales de radio y las comunicaciones, como los teléfonos celulares.

El sol puede desatar tormentas solares y salirse con la suya. Pero si *nosotros* permitimos que nuestro enojo explote, estamos en problemas. Es cierto, hay cosas que salen mal y gente que hace el mal, y hay momentos cuando está bien enojarse. Pero ten mucho cuidado con lo que haces y dices cuando estás enojado. «Explotar» sobre alguien puede interrumpir la comunicación. En otras palabras, puede dañar la relación con las personas que quieres. Así que respira hondo. Da un paso atrás. Piensa, y ora, antes de hablar. Y deja las tormentas para el sol.

Señor, cuando esté enojado, por favor bendíceme con tu sabiduría
para que pueda ver claramente lo que tengo que hacer. Amén.

En 1859, un astrónomo aficionado llamado Richard Carrington se convirtió en la primera persona en ver y registrar una fulguración solar. Carrington estaba mirando por su telescopio y vio una luz blanca brillante que irrumpía desde unas manchas negras sobre el sol. Pocas horas más tarde, la tormenta solar llegó a la Tierra, cortando las comunicaciones por telégrafo e iluminando los cielos nocturnos. Se llegó a conocer como el evento Carrington, la tormenta solar más grande que se haya registrado.

¡HABLA MÁS FUERTE!

¡Levanta la voz por los que no tienen voz!...

PROVERBIOS 31:8

Di algo en voz alta. Cualquier cosa. Por ejemplo: «¡Soy una creación admirable!». Mientras hablas, ponte una mano sobre la garganta. ¿Sientes la vibración? Esa vibración crea los sonidos que usamos para hablar.

Todo empieza en la laringe, o la caja de la voz. Este pequeño tubo hueco está formado de cartílago, al igual que tus orejas y la punta de tu nariz. Está ubicado encima de la tráquea en tu garganta. La laringe tiene pliegues de membranas (como si fueran tirillas delgadas de tejido) adheridas a ella. Se

pliegues vocales

llaman pliegues vocales o cuerdas vocales. Cuando el aire de tus pulmones pasa por esos pliegues vocales, estos vibran y hacen los sonidos que usamos para hablar. Vibran cuando hablas, cantas e incluso cuando gritas, pero no cuando susurras. Inténtalo. Sostén tu mano contra tu garganta mientras susurras. No hay ninguna vibración, ¿no?

Si quieres marcar una diferencia en este mundo —si deseas que el mundo «vibre» debido a lo que dices y haces—, necesitas hablar fuerte. No alcanza con susurrar. Usa tu voz para mejorar las cosas. La Biblia nos dice que hablemos fuerte para defender a los que no pueden hablar por sí mismos, por ejemplo, al defender a un niño más pequeño al que los demás molestan. O podría ser hablar a favor de los animales que no pueden defenderse de los cazadores furtivos, o hablar para proteger la Tierra de la contaminación. Así que, ¡habla más fuerte! Después, pon en práctica tus palabras y marca una diferencia en este mundo.

Querido Dios, dame la valentía para levantar mi voz, al saber que mis palabras marcan una diferencia, y dame la sabiduría para saber qué decir. Amén.

EXPLORA LAS MARAVILLAS

¿Un elefante que habla? ¡Sí! Koshik, un elefante asiático, «habla» usando su trompa para cambiar la forma de su boca. Cuando era apenas un elefantito en el zoológico Everland en Corea del Sur, Koshik empezó a imitar las palabras de sus cuidadores. Koshik puede decir *hola, siéntate, no, acuéstate* y *bien*. Pero los científicos no creen que sepa lo que está diciendo. Me pregunto qué dirá Koshik al respecto.

UN JARDÍN DE PULPOS

*Porque donde dos o tres se reúnen en mi
nombre, allí estoy yo en medio de ellos.*

MATEO 18:20

Los jardines son para cultivar maíz, flores y pulpos. *¿¡Pulpos!?* Bueno, más o menos. En la costa de California, los científicos descubrieron un jardín de pulpos.

En 2018, unos científicos estaban explorando el Santuario Marino Nacional de la Bahía de Monterey usando unos robots submarinos especiales. Allí fue donde descubrieron un jardín, o una guardería, de pulpos… ¡el más grande que se haya visto! Más de mil pulpos hembra estaban empollando. (*Empollar* significa cuidar sus huevos). Los científicos se preguntaron por qué

130

habrían elegido ese lugar. Después de todo, estaba a tres kilómetros de profundidad, donde suele hacer muchísimo frío. Ahí fue donde los científicos vieron el resplandor.

Tal vez tú también lo hayas visto. Quizás en una carretera durante un día caluroso de verano. Sucede cuando el sol calienta el pavimento, y el pavimento calienta el aire alrededor. El aire cálido no es tan denso como el resto del aire. Así que, cuando la luz lo atraviesa, rebota y provoca un resplandor. Cuando los científicos vieron ese resplandor en el agua, supieron que ahí no hacía tanto frío, probablemente debido a algún volcán subterráneo. En lugar de hacer dos grados centígrados, la temperatura era de diez grados, la perfecta para un jardín de pulpos.

Tal vez no estemos a tres kilómetros bajo el agua, pero cuando nos juntamos con otros que aman a Jesús, tenemos nuestro propio resplandor cálido: el amor y la presencia de Jesús. Porque Jesús promete que donde hay dos o más reunidos para orar y alabarlo, Él está ahí con nosotros. Así que júntate con uno o dos amigos, ¡y disfruten del resplandor de estar con Jesús!

Jesús, gracias por venir a estar con tu pueblo. Ayúdame a absorber el calor de tu amor y a compartirlo con el mundo que me rodea. Amén.

EXPLORA LAS MARAVILLAS

El Santuario Marino Nacional de la Bahía de Monterey también alberga una variedad maravillosa de esponjas... ¡pero no las que se usan para bañarse! Estas esponjas son animales submarinos muy sencillos. No se pueden mover, así que atrapan su comida del agua que se mueve a su alrededor. Hay esponjas de muchas formas, colores y tamaños, ¡incluso algunas se parecen a abanicos, ramitas y hasta copas elegantes!

¿HAY VIDA AHÍ AFUERA?

… Dios dispone todas las cosas para
el bien de quienes lo aman…

ROMANOS 8:28

El 30 de julio de 2020, la NASA lanzó al espacio un explorador de ciencia robótica, Perseverance, en una misión a Marte. Parece algo sacado de una película, ¿no? ¡No lo es! Más de seis meses después de que salió de la Tierra, el Perseverance aterrizó el 18 de febrero de 2021.

Perseverance mide aproximadamente lo mismo que un auto, y está buscando señales de vida en Marte. No, no se trata de marcianitos verdes. Perseverance está estudiando las rocas y el polvo en un lugar llamado cráter Jezero. Los científicos creen que el cráter estuvo una vez lleno de agua, y quizás

incluso de vida microscópica. Perseverance está usando dos herramientas especiales llamadas SHERLOC y WATSON (¿No reconoces esos nombres? ¡Pregúntale a un adulto!) para recolectar muestras y fotografías de las rocas.

Cuando piensas en la vida en Marte, probablemente no te imaginas pistas microscópicas en algunas rocas. Y al igual que en Marte, la vida en la Tierra puede verse *muy* distinta de lo que imaginamos. No me refiero a que de repente vayamos a ponernos verdes y nos crezcan unos tentáculos raros. Sencillamente, quiero decir que la vida no siempre sale como planeamos. A veces, nos sorprendemos, y no con una linda sorpresa. Sin embargo, hay algo importante: Dios *nunca* se sorprende. Él ya sabe todo lo que sucederá: lo bueno, lo malo y lo absolutamente loco. Nos dio la Biblia para mostrarnos cómo obra en las vidas de las personas y cómo puede sacar algo bueno de todo lo que sucede cuando confiamos en Él. Con Dios, siempre hay una vida hermosa allá afuera.

Dios, nada te toma por sorpresa. Por favor, guía cada paso de mi vida y usa todo para traer algo bueno. Amén.

EXPLORA LAS MARAVILLAS

El explorador Perseverance, de la NASA, aterrizó en Marte con un helicóptero apodado Ingenuity (Ingenuidad) atado a su barriga. Los científicos querían saber si podía volar en la delgada atmósfera de Marte. El Ingenuity estaba diseñado para volar 90 segundos, y para alcanzar más de cuatro metros de altura y viajar casi 300 metros en total. Durante el quinto vuelo del Ingenuity, voló hasta abarcar 130 metros, a casi cinco metros de altura. El vuelo duró 108 segundos, pero antes de aterrizar, ¡se elevó diez metros y sacó fotos de sus alrededores!

65

PERFECTAMENTE IMPERFECTO

El gran amor del Señor nunca se acaba,
y su compasión jamás se agota. Cada
mañana se renuevan sus bondades...

LAMENTACIONES 3:22-23

Hace muchos años, la gente creía que la Tierra era plana. Pero gracias a los antiguos griegos, hace mucho que sabemos que es redonda. Aristóteles se dio cuenta de esto al mirar las estrellas. Y Eratóstenes (llamémoslo el Sr. E) midió el ángulo del sol desde dos ciudades distintas, hizo unos cálculos

matemáticos complicados y declaró que la Tierra era decididamente redonda. ¡Y eso fue hace más de 2.000 años! Pero ¿la Tierra es *realmente* redonda?

No exactamente. Es redon*deada*. Forma una esfera, como una pelota, pero no es una esfera perfecta. A medida que la Tierra rota (o gira) en el espacio, pone presión sobre los polos norte y sur. Esa presión los aplana un poquito. También hace que el ecuador se abulte un poco. Pero, aunque la Tierra no es perfectamente redonda, constituye un lugar perfectamente maravilloso para que vivamos.

Se parece un poco a nosotros. Es decir, ninguno de nosotros es perfecto. Perdemos los estribos y le gritamos a nuestro hermano, ponemos los ojos en blanco cuando nos molesta lo que nos dicen nuestros padres o hacemos una promesa y no la cumplimos. La buena noticia es que Dios no espera que seamos perfectos. Y nos da una manera de recuperarnos de todas estas «cosas imperfectas» que hacemos. Se llama misericordia, y en esencia, significa que tenemos una segunda oportunidad para pedirle perdón a la persona que afectamos y a Dios. Apenas te des cuenta de que te equivocaste, pídele a Dios que te perdone. Porque su misericordia es nueva cada mañana... y cada vez que dices que lo lamentas.

Señor, ayúdame a ver mis pecados y errores. Por favor, perdóname y dame la fortaleza para corregirlos. Amén.

EXPLORA LAS MARAVILLAS

Hace mucho tiempo, los científicos y los exploradores usaban sombras, las estrellas e incluso eclipses lunares para descubrir que la Tierra era redonda. Hoy, los científicos usan la geodesia. Es una rama de la ciencia que usa GPS e información de los satélites para medir cosas como la forma de la Tierra, la gravedad y la rapidez con la que gira en el espacio. Y todas esas cosas dicen que la Tierra es redonda. Bueno, redondeada.

¿SIENTES ESE OLOR?

… somos el aroma de Cristo entre los que
se salvan y entre los que se pierden.

2 CORINTIOS 2:15

Cuando te llega el aroma de galletas recién horneadas, ¿qué es lo primero que recuerdas? ¿Qué es lo primero que sientes? ¿Y cuando hueles plastilina? ¿O ese aroma extraño de «zapatos viejos y carne misteriosa» que hay el primer día de escuela? Hay ciertos aromas que nos hacen recordar y sentir muchas cosas.

Todo empieza en la nariz, por supuesto. Aquellas cosas que olemos, las fragancias, están formadas de pequeñas partículas. Las inhalamos a través de la nariz. Y ahí es cuando la cosa se pone interesante. Verás, siempre que gustamos, tocamos, vemos o escuchamos algo, esa información va a una parte del cerebro llamada el tálamo. Desde allí, el cerebro decide qué hacer con esa información. Sin embargo, los aromas se saltan todo eso y van directamente

Tálamo

Hipocampo

Amígdala

a la amígdala en el cerebro, donde las emociones se clasifican. Después, van rápidamente al hipocampo, el cual, curiosamente, no tiene nada que ver con los hipopótamos y todo que ver con la memoria. Por eso los aromas están tan conectados con nuestros sentimientos y recuerdos.

Cuando amas a Jesús e intentas amar a otros como Él, tu vida tiene una «fragancia» dulce para los que te rodean. Al igual que un aroma que despierta sentimientos y recuerdos buenos, tu manera de vivir ayuda a los demás a sentirse amados. Les ayuda a recordar a Dios y sus promesas. Y les ayuda a seguirlo. Entonces, ¿qué puedes hacer para tener un aroma dulce hoy?

Señor, ayúdame a vivir bien, para que mi vida «huela» dulce para ti y para todos los que me rodean. Amén.

EXPLORA LAS MARAVILLAS

Los bebés pueden oler incluso antes de nacer. La nariz del bebé empieza a formarse a las seis o siete semanas de vida con sus primeras neuronas olfativas, las cuales ayudan a identificar olores. A eso de las diez semanas, la naricita puede sentir toques. Para el octavo mes (y a veces tan temprano como el sexto mes), los bebés pueden oler dentro del vientre. ¿Qué huelen? Todo lo que la mamá come; en especial, la vainilla y algunos alimentos con olor fuerte, como el ajo.

ES POSIBLE

Porque para Dios no hay nada imposible.

LUCAS 1:37

¿Qué se obtiene si se combinan un pato, una nutria y un castor? No, no es el próximo superhéroe mutante. ¡Es el ornitorrinco! Esta criatura es tan extraña que cuando los científicos vieron el cuerpo de uno por primera vez ¡pensaron que no era un animal de verdad!

Con el pico y las patas palmeadas de un pato, el cuerpo y la piel de una nutria, y la cola del castor, el ornitorrinco es un animal de aspecto muy extraño. Este mamífero australiano es muy agraciado en el agua, pero en la tierra camina como un pato. Para comer, se sumerge debajo del agua y usa su pico para atrapar insectos, gusanos, larvas y mariscos, junto con algo de lodo y gravilla. (Como el ornitorrinco no tiene dientes, usa el lodo y la gravilla para picar su comida). A diferencia de la mayoría de los mamíferos, el ornitorrinco pone huevos. Y como si este animal no fuera ya lo suficientemente extraño, ¡sus patas traseras apuntan para atrás!

Al principio, los científicos pensaban que un animal con el pico de un pato y la cola de un castor no podía ser real. Pero solo porque algo *parezca* imposible no significa que lo sea. En especial, cuando hablamos de Dios. Él hace muchas cosas que pueden ser difíciles de creer. Por ejemplo, hablar a través de una zarza ardiente a Moisés (Éxodo 3:2), cerrar la boca a los leones para mantener a Daniel a salvo (Daniel 6:22), o caminar sobre el agua en medio de una tormenta como si fuera un camino (Mateo 14:25). ¡Todas esas cosas son totalmente verdad! Dios hace posible lo imposible (Marcos 10:27). La próxima vez que pienses que algo sobre Dios no puede ser verdad, recuerda al ornitorrinco. ¡No hay nada que Dios no pueda hacer!

Dios, hiciste tantas cosas maravillosas. Pero nada es tan increíble como tú, ¡el que creó todo! No hay nada que no puedas hacer. Amén.

EXPLORA LAS MARAVILLAS

El okapi se parece a una cebra, un burro, un ciervo y un antílope, ¡todos mezclados para formar un solo animal! Apodado el unicornio africano, el extraño okapi es un pariente de la jirafa y vive en el Bosque de Ituri, una selva tropical en África. Su lengua es tan larga (llega hasta 45 centímetros), ¡que el okapi puede lamerse sus propias orejas y párpados!

UN HIPOPÓTAMO HAMBRIENTO

... no solo de pan vive el hombre, sino de todo lo que sale de la boca del Señor.

DEUTERONOMIO 8:3

¿**A**lguna vez jugaste a los hipopótamos hambrientos? Bueno, ¡resulta que los hipopótamos de verdad se ponen muy hambrientos! Y como pesan más o menos lo mismo que tres autos pequeños, hace falta mucha comida para llenarlos. Comen aproximadamente 35 kilos de comida

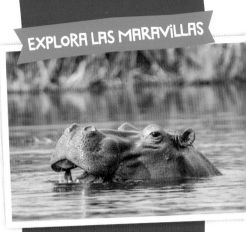

por noche. (¡Sería como comerse 320 hamburguesas al día!). Se pasan entre cuatro y seis horas masticando todas las noches.

Digo «noche» porque los hipopótamos comen de noche. Como viven en el calor de África, se pasan la mayor parte del día en el agua. Por la noche, cuando está más fresco, salen a comer. En la oscuridad, los oídos supersensibles del hipopótamo pueden escuchar un fruto que cae al suelo, y su nariz los ayuda a olfatearlo. Los hipopótamos prefieren comer cerca del agua, pero a veces tienen que viajar kilómetros para encontrar suficiente comida.

Cuando se ponen hambrientos, van donde sea necesario y se toman su tiempo para comer. Nosotros hacemos lo mismo cuando nos suena la pancita. Pero nuestro estómago no es la única parte de nosotros que necesita «alimento». Nuestro corazón, nuestra mente y nuestra alma también se ponen hambrientos: hambrientos por la verdad de Dios. Su Palabra se llama Pan de vida, y nos mantiene fuertes para que podamos defender lo correcto. Además, nos llena de todo lo bueno de Dios, para que no nos veamos tentados a llenarnos de otras cosas que no nos hacen bien. Así que toma una «rebanada» de la Palabra de Dios cada día. ¡Un versículo o un capítulo por día harán que no pases hambre!

Los hipopótamos se pasan casi todo el día en el agua. Incluso duermen debajo del agua: salen a flote cada algunos minutos para respirar y después vuelven a sumergirse, ¡sin siquiera despertarse! Entonces, seguramente son excelentes nadadores, ¿no? ¡No! Los hipopótamos no saben nadar. Ni siquiera pueden flotar. En cambio, andan de puntillas por el suelo del río, como si fueran unas enormes bailarinas subacuáticas.

Querido Dios, por favor dame hambre de tu Palabra, y enséñame a llenarme de tu verdad cada día. Amén.

141

69

EL COMPAÑERO DE VIAJE DE LA TIERRA

Reconócelo [a Dios] en todos tus
caminos, y él allanará tus sendas.

PROVERBIOS 3:6

¿Sabías que la Tierra tiene un compañero de viaje a medida que viaja alrededor del sol? No me refiero a la luna. Este compañero de viaje se llama Cruithne. Fue descubierto en la década de 1980, y durante un tiempo la gente pensó que podría ser una segunda luna de la Tierra. Pero las lunas, al igual que la nuestra, orbitan alrededor de su planeta

142

y Cruithne orbita alrededor del sol. En realidad, Cruithne es un asteroide que mide unos cinco kilómetros de ancho.

¿Por qué la gente pensó que podía ser una segunda luna? Porque su camino alrededor del sol se parece mucho al de la Tierra. Pero, mientras que la órbita de la Tierra es redonda, la de Cruithne tiene forma de frijol. Así que a veces está mas cerca de la Tierra, y otras veces, más lejos. Es como si dos autos viajaran uno al lado del otro; excepto que a veces Cruithne toma un camino diferente y más tarde vuelve a unirse a la Tierra. A eso se llama configuración coorbital, o como a mí me gusta decir, viajar con un amigo.

¿Tienes algún compañero de viaje? ¿Alguien que te ayude a decidir por dónde ir en la vida? Los padres y los familiares son excelentes compañeros de viaje, pero no pueden acompañarte siempre. A veces, los amigos toman un camino diferente. ¿Quieres conocer al compañero de viaje perfecto? ¡Dios! Puedes pedirle indicaciones, contarle todas tus historias, cantar canciones y simplemente disfrutar de tener a Alguien con el cual compartir el viaje. Y si Dios es tu compañero de viaje, sabes que siempre te dirigirás en la dirección correcta.

Dios, estoy feliz de poder viajar por la vida contigo. ¡Gracias por ser siempre mi compañero de viaje! Amén.

EXPLORA LAS MARAVILLAS

La Tierra tiene al menos un compañero de viaje más, el cual posee el nombre elegante de asteroide 2002 AA29. Este pedazo de roca espacial de unos 60 metros de ancho sigue una órbita con forma circular alrededor del sol, similar a la de la Tierra. Sin embargo, no esperes verlo en el cielo pronto. El asteroide 2002 AA29 se acerca a la Tierra cada 95 años, ¡así que no regresará hasta 2098!

70

LLÉNATE DE COSAS BUENAS

… «No solo de pan vive el hombre, sino de toda palabra que sale de la boca de Dios».

MATEO 4:4

Desde las ostras hasta las ardillas y los leones, todas las criaturas de Dios tienen que comer… ¡incluso nosotros! Y mientras que las ostras disfrutan de comer solo plancton y algas, nosotros necesitamos una

variedad de alimentos para obtener todos los nutrientes que nuestro cuerpo precisa.

Los nutrientes son las cosas buenas que obtenemos del alimento que comemos, como vitaminas, minerales y proteínas.

Sin embargo, no todas las comidas tienen cosas buenas. La comida chatarra, como las papitas y los dulces, no tiene casi ningún nutriente. Para obtener todo lo que tu cuerpo necesita, come alimentos de cada uno de los cinco grupos alimenticios todos los días: granos (como pan y arroz), lácteos (como leche y queso), fruta (como manzanas, kiwis y bananas), vegetales (como zanahoria y brócoli) y proteína (como carne y huevo). Comer estos alimentos buenos no solo mantiene nuestro cuerpo fuerte, sino que también nos ayuda a tener más energía, ser más felices, dormir mejor y tener mejor memoria.

Nuestra alma también necesita alimento. Y, así como requerimos nutrientes de una variedad de grupos alimenticios, nuestra alma necesita una variedad de «alimentos» espirituales. Sentimos hambre de la Palabra de Dios, la cual mantiene nuestra fe fuerte y la hace crecer. También nos hace falta mucha oración para ayudarnos a atravesar el día y dormir por la noche. Alabar a Dios echa fuera la tristeza. Cantar nos llena de consuelo y de gozo. Y la comunión (estar con el pueblo de Dios) nos da la fortaleza, la energía y el ánimo para seguir amando y siguiendo al Señor. Así que, ¡vamos! ¡Llénate de cosas buenas! No olvidarías alimentar tu cuerpo cada día, así que no olvides alimentar tu alma también.

Señor, gracias por todas las cosas buenas que nos das para comer. Gracias, por sobre todas las cosas, por tu Palabra, que alimenta mi alma. Amén.

EXPLORA LAS MARAVILLAS

La comida tiene mejor gusto cuando ayudas a cocinarla. ¡Así que planea tu propia comida! Elige alimentos de cada uno de los cinco grupos alimenticios. Alimenta tu alma también al elegir un versículo bíblico para acompañar tu comida. Con la ayuda de un adulto, prepara esa comida y sírvesela a tu familia. Si puedes, haz un poco más para compartir con algún amigo o vecino.

PEQUEÑAS GRANDES COSAS

Si son fieles en las cosas pequeñas,
serán fieles en las grandes.

LUCAS 16:10, NTV

¡Los dedos del pie! Se menean y tienen cosquillas. Y si te olvidas de lavar bien el espacio en el medio, pueden ponerse muy olorosos. Pero ¿para qué sirven esos deditos? Estos dedos nos mantienen de pie. Nos ayudan a no perder el equilibrio. Eso se debe a que son la parte de nuestro cuerpo que más toca el suelo. ¿Quieres saber lo importante que son los dedos del pie?

Intenta esto: párate sobre un solo pie. Es bastante fácil, ¿no? Ahora, levanta los dedos del piso. ¡Es mucho más difícil!

Los dedos del pie también nos ayudan a correr más rápido. Cuando estás corriendo y apoyas un pie, tus dedos ayudan a «atajarte» y evitar que caigas de cara al suelo. A medida que levantas los pies, ellos empujan hacia atrás para ayudarte a avanzar. ¡Intenta correr con los dedos levantados y fíjate cuán rápido puedes moverte!

Los dedos de los pies pueden ser pequeños, pero son superimportantes. Es más, las cosas pequeñas suelen ser más importantes de lo que pensamos. Por ejemplo, todas las «pequeñas» cosas buenas que puedes hacer. Es fácil ver las maneras grandes en que otros sirven a Dios, ayudan a otros o se ocupan de nuestro planeta, y pensar que entonces solo las cosas grandes son importantes. Sin embargo, las pequeñas cosas suman. Intenta ayudar a una persona todos los días. Ora por tu mamá y tu papá, ayuda a un amigo al que se le haya caído todo de su mochila, o levanta la basura que voló hasta el jardín de tu vecino. Tal vez estas cosas no te parezcan muy grandes, pero son grandes para la persona a la que ayudaste... y también son grandes para Dios. Además, piensa: si ayudas a una persona distinta cada día durante un año, son 365 personas... ¡eso sí que es grande!

Dios, sé que las cosas pequeñas te importan. Por favor, muéstrame todas las «pequeñas» grandes cosas que puedo hacer. Amén.

EXPLORA LAS MARAVILLAS

¿Tienes cosquillas en los pies? Prueba y fíjate. Hazte cosquillas en tus propios pies. ¿Qué? ¿No funciona? Resulta que es imposible hacerse cosquillas uno mismo. Eso se debe a que gran parte de las cosquillas dependen de que nos sorprendan. Pero hay una parte de nuestro cerebro que se llama cerebelo y que lleva la cuenta de todos nuestros movimientos. ¡Y no nos permite tomarnos por sorpresa!

LO QUE PUEDEN HACER LAS HERIDAS

[El Señor] restaura a los de corazón
quebrantado y cubre con vendas sus heridas.

SALMOS 147:3

Si alguna vez miraste una vieja película del lejano oeste, probablemente hayas visto un cactus alto y grande con brazos bien largos. Se llama saguaro y solo crece en el desierto de Sonora, en el suroeste de Estados Unidos.

El saguaro y el carpintero de Gila tienen una relación especial. Este pajarito rayado picotea un agujero del tamaño de un nido en el cactus. Como el

148

interior del cactus es blando y mojado, no es un buen nido... ¡por ahora! El carpintero espera alrededor de un año. En ese tiempo, la «herida» del cactus forma una costra y se seca; algo parecido a lo que hace la piel cuando te lastimas la rodilla. Esta costra es permanente y crea un nido seguro y fresco para el carpintero. ¡Los saguaros más antiguos pueden tener veinte nidos o más! La «herida» que al principio parece dolorosa para el saguaro se transforma en un lugar de comodidad para el carpintero.

Tus heridas pueden hacer lo mismo. Bueno, no *exactamente* lo mismo. Ningún carpintero vivirá dentro de tu brazo. Pero, cuando una mentira, un chisme o alguna enfermedad o pérdida te lastiman, entiendes lo que se siente al ser herido. A medida que Dios te consuela, descubres lo que necesitas para sentirte mejor. Entonces, cuando otra persona tiene una herida parecida, ya sabes cómo consolarla. Quizás sea escuchando sus problemas, invitándola a sentarse contigo en el autobús o escribiendo una nota para decirle lo importante que es para ti. Lo importante es que, cuando te hieren, Dios puede usarte para reconfortar a otro.

Dios, gracias por tu consuelo cuando estoy herido. Enséñame a usar mis propias heridas para consolar a los que sufren. Amén.

Tecolote enano junto a un cactus saguaro

Los carpinteros de Gila solo usan esos nidos en los saguaros durante un año. Cuando se van, otras aves se mudan allí, como los tecolotes enanos y las golondrinas purpúreas. Incluso después de que el saguaro muere, los nidos siguen siendo útiles. Los nidos con costra se transforman en vasijas a prueba de agua llamados «botas». Los indios americanos los usaban para guardar agua antes de que se inventaran las cantimploras y las botellas de agua.

COLOR DE TRISTEZA

¿Por qué voy a inquietarme? ¿Por qué
me voy a angustiar? En Dios pondré
mi esperanza y todavía lo alabaré…

SALMOS 42:5-6

Si estás en la isla de Java durante la noche, tal vez veas algo que parece una lava azul y espeluznante que fluye por el costado del volcán Kawah Ijen. Sin embargo, lo azul no es lava. Gases de azufre salen por el volcán junto con la lava. Cuando esos gases chocan contra el aire, se encienden en llamas azules. Las llamas siguen el flujo de la lava, haciendo que esta parezca azul.

En realidad, la lava es de un color dorado amarillo muy brillante. Esto se debe a que las rocas derretidas por el volcán son de un azufre amarillo brillante. Los mineros se enfrentan a los gases venenosos para cosecharlas. Una vez que la lava se enfría y se transforma en azufre sólido, los mineros lo rompen en pedazos y lo bajan de la montaña para venderlo. El olor es espantoso y se te pega a la ropa, el cabello... ¡a todo!

Cuando te sientes triste, el «olor» de la tristeza puede impregnar todo y hacer que tu mundo entero se vea azul. Y permíteme decirte que está bien estar triste cuando suceden cosas tristes. Sin embargo, no debes permanecer así.

La mejor manera de sentirse mejor es siendo agradecido. Hay estudios científicos que muestran que ser agradecido te ayuda a sentirte mejor, a dormir mejor y a ser un mejor amigo para las personas que te rodean. Así que la próxima vez que te sientas triste, dedica un minuto para observar todas las cosas que Dios te ha dado. Cosas que puedes ver, como familiares y amigos. Y cosas que no puedes ver, como el amor. Después, alábalo por todo eso. Porque la gratitud sumada a la alabanza espanta la tristeza.

Señor, cuando me sienta triste y pareciera que todo está teñido de azul, recuérdame las maneras en que me amas. Amén.

EXPLORA LAS MARAVILLAS

Las aguas de un turquesa brillante del lago Kawah Ijen tal vez parezcan el lugar ideal para zambullirse, pero ¡no lo hagas! Hay una razón detrás del color del agua: un ácido que disuelve metales. Con casi 800 metros de ancho, el Kawah Ijen es el lago más ácido del mundo. Además, está ubicado dentro del cráter de un volcán. Así que, decididamente, ¡no hay que nadar ahí!

Amanecer en el lago Kawah Ijen en Indonesia

¿QUIÉN ES EL DUEÑO DE LA LUNA?

[Dios] No dice mentira alguna ni cambia de
parecer. Dios cumple lo que promete.

NÚMEROS 23:19, TLA

¿Quién es el dueño de la luna? Puede parecer una pregunta loca, pero desde que empezamos a buscar una manera de llegar a la luna, mucha gente empezó a plantearse dicha interrogante. Así que, en 1967, algunos de los países del mundo se reunieron para hacer un tratado o un acuerdo. Se llamó el «Tratado sobre los principios que deben regir las actividades de

los estados en la exploración y utilización del espacio ultraterrestre, incluso la Luna y otros cuerpos celestes». ¡Vaya! Felizmente, la mayoría de las personas lo llama simplemente el Tratado sobre el espacio ultraterrestre. Dice que el espacio les pertenece a todos. Hasta ahora, 110 naciones lo firmaron, y otras todavía lo están considerando. (Sí, ¡más de cincuenta años después!).

Parece un muy buen tratado, ¿no? Solo tiene un problema. Es débil. Un país puede tan solo mandar una carta para salir del mismo. En otras palabras, estos países hicieron una promesa pero pueden romperla si así lo desean.

¿Sabías que Dios hizo una especie de tratado con nosotros? Se llama pacto. En este pacto, o promesa, Dios promete que si creemos que Jesús es el Hijo de Dios, el cual murió por nuestros pecados y se levantó a la vida nuevamente (y si lo seguimos), nuestros pecados serán perdonados. Él enviará a su Espíritu Santo a vivir dentro de nosotros y a guiarnos. Y, un día, viviremos en el cielo con Él para siempre.

Esa es la promesa de Dios. Y lo mejor sobre esto es que nunca, nunca la romperá.

Señor, gracias por cumplir tus promesas; en especial, la promesa de que un día viviremos contigo. ¡Qué grandioso será! Amén.

Plantar la bandera de cada país en la luna (o en otros planetas) podría resultar confuso, pero tal vez haya una solución sencilla: ¡una bandera de la Tierra! Diseñada por un alumno de una universidad sueca, la bandera de la Tierra tiene siete anillos que representan a cada continente. Los anillos hacen la forma de una flor, un símbolo de vida, y el fondo azul representa el color de la Tierra vista desde el espacio. A medida que exploremos la galaxia, tal vez necesitemos plantar una sola bandera; a fin de cuentas, ¡todos somos ciudadanos de la Tierra!

¡SONRÍAN!

Teclas, colmillos. ¿De qué estoy hablando? ¡De los dientes! Sin embargo, no todos los dientes son iguales. Los incisivos del frente son para morder. Los caninos son para cortar. Y los molares están más atrás para triturar. Todos tus dientes están cubiertos de un esmalte blanco perlado. Es lo más duro que tienes en el cuerpo... incluso más duro que los huesos. El esmalte protege tus dientes, pero también es importante cuidarlo. Y te digo por qué: si te quiebras un hueso, se sana. Si te raspas la rodilla, tu cuerpo también se ocupa de eso.

premolar

molar

incisivo

canino

Pero si te astillas un diente o tienes una caries, tu diente no puede repararse a sí mismo. Necesitas ir a ver a un dentista.

Cuida tus dientes cepillándolos al menos dos minutos, dos veces al día. ¡Y no te olvides del hilo dental! Cepillarse y pasarse hilo dental ayuda a quitar la placa que se «come» el esmalte.

Así como cuidas tus dientes todos los días, también necesitas cuidar tu fe. Es fácil pensar: *Ya sé que Jesús es el Hijo de Dios y que lo amo. Entonces, mi fe está bien.* Pero no importa cuán fuerte sea tu fe, necesitas ayudarla a fortalecerse cada día. Para eso es necesario leer la Biblia, hablar con Dios y encontrar maneras de alabarlo. Si todavía nunca pasaste tiempo así con Dios, empieza con dos minutos al día, y aumenta a partir de ese tiempo. Porque, aunque tus dientes son muy importantes, ¡tu fe es incluso más importante!

Dios, perdóname por las veces que olvido cuidar mi fe. Quiero amarte y alabarte cada día. Amén.

EXPLORA LAS MARAVILLAS

La saliva es algo vital. Mantiene tu boca húmeda y cómoda. Es el primer paso para digerir lo que comes. Incluso ayuda a sanar heridas, ataca el mal aliento y combate la placa. Como la saliva puede hacer todas estas cosas buenas, tu cuerpo fabrica mucha... ¡casi dos litros todos los días!

¿UNICORNIOS DEL MAR?

SEÑOR mi Dios, [...] ¡tú eres Dios,
y tus promesas son fieles!

2 SAMUEL 7:28

Los unicornios son tan solo cuentos de hadas, ¿no? ¡Quizás no! Mira el narval. Este inmenso mamífero vive en las aguas del Ártico cerca de Canadá, Groenlandia, Rusia y Noruega. Crece hasta alcanzar cinco metros de largo, que es como si tú y tres amigos se pararan uno arriba del otro. Y pesa hasta 1.900 kilos, ¡que es *mucho* más de lo que pesan tú y todos tus amigos juntos!

El narval tiene un colmillo parecido a una espada que crece desde su cabeza, ¡y puede alcanzar tres metros de largo! Ese colmillo le ganó al narval

su apodo: el unicornio del mar. Aunque no hay ningún caballo con cuerno espiralado corriendo por ahí, tal vez el unicornio (que significa: «un cuerno» en latín) no sea *totalmente* un cuento de hadas.

Algunos dicen que las personas y los lugares de la Biblia son tan solo cuentos. Pero los arqueólogos bíblicos están excavando cosas del pasado para probar lo reales que fueron. Han descubierto los muros de Jericó alrededor de los cuales marchó Josué... ¡al menos, lo que queda de ellos! (Josué 6). Encontraron el estanque de Siloé, donde el hombre ciego se lavó el lodo de sus ojos! (Juan 9). ¡Y ahora creen haber encontrado la casa de Pedro! (Lucas 4). Cuanto más exploramos, más encontramos a Dios.

No necesitamos estos descubrimientos para saber que Dios es real. Apenas con mirar las estrellas nos damos cuenta de que solo Él podría hacer algo tan magnífico como eso (Salmos 19:1). Pero ver los lugares donde sucedieron las historias nos ayuda a saber que la Biblia es mucho más que cuentos de hadas.

Dios, sé que eres real y te alabo por las maneras reales en que obras en este universo y en mi vida. Amén.

Ese colmillo largo y espiralado que sale de la cabeza del narval ¡en realidad es un diente! En general, solo los narvales machos tienen un colmillo, aunque alrededor de dos de cada cien hembras también lo tienen. El colmillo tiene hasta diez millones de terminaciones nerviosas. Los científicos no están seguros, pero creen que el narval lo usa para encontrar comida. De cualquier manera, ¡se ve genial!

157

SOPLEN, DERECHOS, SOPLEN

Cambió la tempestad en suave brisa...

SALMOS 107:29

El viento puede salir rugiendo del océano en forma de huracán o retorcerse hasta formar un tornado. O puede cruzar la tierra soplando como un derecho. ¿Qué? ¿Alguna vez escuchaste hablar de los vientos derechos? No te preocupes, son bastante inusuales, así que no eres el único.

A diferencia de los tornados que rotan constantemente, los derechos soplan en línea recta. Se forman cuando el aire húmedo de una tormenta choca con el aire seco a su alrededor. El agua en el aire se evapora y enfría el aire. El aire fresco es más pesado y se hunde… ¡rápido! Eso crea un viento poderoso llamado reventón. El reventón absorbe más aire y crea incluso más reventones.

Para que sea un derecho, una tormenta debe moverse al menos a 90 kilómetros por hora, medir unos 80 kilómetros de ancho y dejar atrás un tendal de destrucción de ¡al menos 400 kilómetros de largo! El derecho no se retuerce como un tornado, pero puede derribar los cables de corriente, tumbar árboles, dar vuelta a los autos y demoler edificios.

Cuando escuchas la palabra *tormenta,* probablemente piensas en las tormentas eléctricas o los tornados; no en los derechos. Y cuando piensas en las tormentas de la vida, es probable que pienses en problemas realmente grandes o noticias realmente malas. Sin embargo, las tormentas pueden ser de muchas clases. Tormentas de ajetreo, de intentar agradarle a todo el mundo, de desilusión o simplemente de un mal día. No importa cómo se vean tus tormentas, Dios es más grande y más fuerte. ¡Confía en Él para que calme tu tormenta!

Señor, cuando lleguen las tormentas –incluso las tormentas de cosas buenas–, por favor, dame la sabiduría para saber qué hacer y qué no hacer. Amén.

EXPLORA LAS MARAVILLAS

Los derechos suelen arremeter por el cielo como una pared de nubes. Muchas veces, esa pared forma una curva, de manera que un pedazo grande de nubes en el centro va delante. A eso se le llama eco en arco.
Sucede porque los reventones son más fuertes en el centro de la tormenta, lo cual hace que los vientos ahí sean más rápidos y empujen a esas nubes más adelante que todas las demás.

¡EN GUARDIA!

Por sobre todas las cosas cuida tu
corazón, porque de él mana la vida.

PROVERBIOS 4:23

¿Qué tan inteligentes son los teléfonos inteligentes? Bueno, resulta que son *muy* inteligentes. ¡Son incluso más inteligentes que la computadora que llevó por primera vez al hombre a la luna!

En 1969, la nave espacial *Apollo 11* llevó a Neil Armstrong y Buzz Aldrin a la luna. La computadora en esta nave era la más poderosa de la época. Se llamaba Apollo Guidance Computer [Computadora Guía del Apolo]. Y podía guardar tanto como 2.048 palabras en su memoria. (Eso significa que podía guardar menos de siete páginas de este libro en su memoria... ¡y eso no incluye las imágenes!).

Incluso los teléfonos inteligentes más «tontos» de hoy tienen una memoria un millón de veces mayor que la de la computadora Apollo Guidance. ¿Y la velocidad? ¡Los teléfonos de hoy son unas 100.000 veces más rápidos! ¿Cómo sería eso? Digamos que incluso un iPhone 6 «viejo» podría manejar unas 120 millones de misiones a la luna al mismo tiempo... ¡y los teléfonos se ponen más inteligentes y rápidos cada año!

Los teléfonos inteligentes *son* superinteligentes. Y se pueden usar para muchísimas cosas buenas. Por ejemplo, hablar con familiares y amigos, pedir indicaciones, buscar versículos bíblicos y escuchar música. Pero los teléfonos también pueden ser peligrosos. Hay canciones que no deberíamos escuchar, juegos que no deberíamos jugar y fotografías que no deberíamos mirar; todas estas cosas están apenas a una búsqueda de distancia en internet y al hacer clic en algo indebido. En el momento en que ves y escuchas estas cosas, es imposible dar marcha atrás. Pídeles a tus padres que te ayuden a poner un filtro o una aplicación para que no vayas a hacer clic accidentalmente en algo equivocado. Y pídele a Dios que mantenga tus pensamientos concentrados en Él, la verdadera fuente de vida. Mantente en guardia y permite que solo entren cosas buenas a tu cerebro.

Los primeros teléfonos móviles se inventaron en la década de 1940, pero se parecían más a radios bidireccionales o *walkie-talkies*. Después, en 1973, se fabricó el primer teléfono móvil de verdad. Tenía forma de ladrillo, pesaba poco más de un kilo y la batería duraba unos treinta minutos. Tan solo podía hacer llamadas... ¡nada de mensajes de texto, música ni fotos!

Dios, sé una fortaleza a mi alrededor. Protege mis pensamientos y mi corazón de las cosas malas de este mundo. Amén.

161

¿PUEDES SENTIRLO?

[Jesús] los bendecía poniendo
las manos sobre ellos.

MARCOS 10:16

Duro, blando, caliente, frío, suave o rugoso… ¿cómo sabemos qué estamos tocando? Todo empieza con el sistema somatosensorial. Este sistema controla tu sentido del tacto. Usa una red de terminaciones nerviosas y receptores de tacto en tu piel.

Y funciona así: digamos que extiendes la mano y tocas algo, como este libro. Los receptores de tacto en tu piel notan el cambio: estás tocando algo nuevo. Al instante, envían esa información por los nervios sensoriales a tu columna vertebral. Después, la información viaja al tálamo en tu cerebro, el cual la transmite a la corteza somatosensorial. Es un término muy elegante que se refiere a esa parte de tu cerebro que dice: ¡Oye! *Estás tocando algo.*

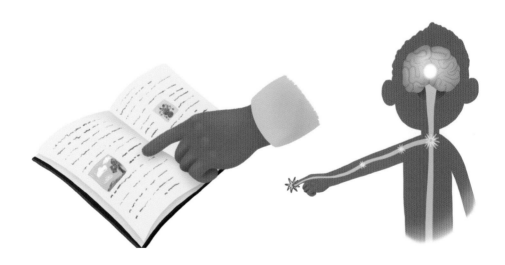

Permíteme decirte qué es. Entonces, le dice al resto de tu cerebro y tu cuerpo que estás tocando un libro.

Con el sentido del tacto, también puedes sentir temperaturas, presión, cosquillas, picazón, vibraciones y dolor. Las yemas de los dedos y los labios son las partes más sensibles al tacto, porque están llenos de receptores de tacto. Otras partes de tu cuerpo, como el codo, no tienen tantos receptores, así que son menos sensibles. Dios nos dio nuestro sentido del tacto, y nos da muchísima información en el mundo que nos rodea.

Cierra los ojos un momento y piensa en lo que sientes. Vamos, yo también lo haré. ¿Qué sentiste? ¿Las páginas suaves de este libro? ¿Una almohada o una silla? ¿Sentiste lo calentita o fría que está? Ahora, tócate la nariz o tu cabello. Dios te dio la habilidad de *sentir* lo que tocas. ¿No es increíble, maravilloso y fascinante?

Señor, a medida que vaya por mi día tocando mantas, árboles y picaportes, recuérdame darte gracias por el regalo del tacto. Amén.

EXPLORA LAS MARAVILLAS

Nuestra piel siempre está tocando algo. Entonces, ¿por qué no sentimos todo el tiempo la ropa o el aire o la silla donde estamos sentados? La respuesta es que, en realidad, *sí* los sentimos. Pero nuestro cerebro puede ignorar esos mensajes. De esa manera, no estamos siempre pensando: *ah, estoy usando calcetines.* Y: *ah, sigo usando calcetines.* Y: *oh, ¿quién lo habría adivinado? ¡Todavía estoy usando calcetines!*

80

¿¡SERPIENTES VOLADORAS!?

Porque nuestra lucha [...] es contra
[...] fuerzas espirituales malignas
en las regiones celestiales.

EFESIOS 6:12

Justo cuando pensabas que este mundo no se podía poner más raro, te enteras de que existen las serpientes voladoras. Parece algo sacado de una pesadilla, ¿no? Pero en las junglas del sur y el sudeste de Asia, las serpientes voladoras son algo real... excepto que no vuelan de verdad.

Se parece más a caer con estilo. Las serpientes voladoras son como cualquier otra serpiente. No tienen alas. (¡Eso sería una locura!). Y en vez de volar, planean. Para despegar, la serpiente repta hasta el borde de una rama y se lanza al aire, torciendo su cuerpo y girando la cabeza para cambiar de dirección. Como no tienen alas, estas serpientes no pueden volar hacia arriba, solo hacia abajo y a los costados. Las serpientes voladoras rara vez tocan el suelo. Prefieren quedarse en la cima de los árboles, planeando de árbol a árbol para cazar sus presas.

Las serpientes tienen una muy mala reputación. Probablemente, todo haya comenzado con ese lío en el jardín del Edén, cuando Satanás se les apareció a Adán y a Eva en forma de serpiente. Aunque las serpientes en sí no son malas, sí hay mal en este mundo. Y el diablo se asegura de siempre estar volando por ahí, buscando algún lugar donde aterrizar. Cuando alguien decide ser malo, egoísta o hablar mal de otros, ese mal encontró un lugar donde aterrizar. Asegúrate de que no aterrice en tu vida, al quedarte cerca de Dios y seguirlo. Esa vieja serpiente, el diablo, ¡no tiene ni la más mínima posibilidad contra Él!

Dios, enséñame a llenar mi vida de tu bondad y tu Palabra, para que el mal no pueda encontrar lugar donde aterrizar. Amén.

Lémur volador

¿Qué animal no es un lémur y no puede volar? ¡El lémur volador! Como no puede volar y no es un lémur, los científicos lo llaman por su otro nombre: colugo. En vez de alas, tiene un colgajo grande de piel llamado membrana, que va desde la cara hasta las manitos, las patas y la cola. El colugo usa ese colgajo como un ala delta, y planea de árbol a árbol por su hogar en los bosques del sudeste de Asia. Planeando, ¡alcanza a cubrir casi 150 metros!

81

UN RÍO DE ARCOÍRIS

Estén siempre alegres, oren sin cesar,
den gracias a Dios en toda situación...

1 TESALONICENSES 5:16-18

El río Caño Cristales fluye con los colores del arcoíris. ¿Qué hace que este río de Colombia, en Sudamérica, sea tan colorido? Es una plantita subacuática llamada *Macarenia clavigera*. Desde junio hasta diciembre, florece en todos los tonos de rojo, desde el rosado más pálido hasta el rojo más oscuro. Si le añades la arena amarilla, las algas verdes y el agua azul, tienes un arcoíris líquido de unos cien kilómetros de largo.

Sin embargo, la *Macarenia clavigera* es una plantita muy exigente. Todo tiene que estar perfecto para que florezca. El agua no puede ser demasiado superficial, o se seca. Pero tampoco puede ser demasiado profunda, porque la planta se muere. Si no obtiene suficiente luz solar, las flores serán descoloridas. Ah, y se rompe fácilmente, ¡así que no se toca!

La *Macarenia* puede ser exigente sobre el lugar donde florece, pero nosotros no deberíamos serlo. A veces, decimos que estamos esperando el momento correcto para hablar de Dios. O estamos esperando que termine la temporada de fútbol o que empiece el verano antes de servirle. Pero en realidad, creo que estamos esperando porque tenemos miedo de fracasar, de que el lavadero de auto no recaude suficiente dinero, de que nuestro amigo no venga a la iglesia o de que nos rechacen. Pero escucha: nuestra tarea no es garantizar que todo salga bien. Nuestra tarea es servir, ayudar y comunicar la buena noticia de Dios cada vez que podamos. Él se encargará del resto. Así que, ¡vamos! Sé valiente y «florece» para Dios donde sea y siempre que puedas.

Señor, tengo tantas razones para estar alegre, ¡pero tú eres la principal! Amén.

EXPLORA LAS MARAVILLAS

¿Quieres ver un lago a lunares? Visita el lago Spotted Lake, en British Columbia, Canadá. Los lunares en realidad son lagunas de agua. Se crean cuando el calor del verano seca la mayor parte del agua del lago. Las lagunas están llenas de metales y minerales como calcio, titanio y plata. ¡Son esos minerales los que les dan a los lunares su color amarillo, verde, azul marino e incluso azul brillante!

〔82〕

A LA ESPERA DE UNA ESTRELLA FUGAZ

Ámense los unos a los otros
con amor fraternal…

ROMANOS 12:10

¿Alguna vez viste una estrella fugaz? Es un rayo de luz rápido que pasa volando por el cielo nocturno. Sin embargo, la estrella fugaz no es una estrella. Es un meteoroide o roca espacial que cae. Algunos son tan pequeños como una mota de polvo. Otros miden unos cien metros, o un poco menos que un campo de fútbol. (Los objetos más grandes se llaman asteroides).

Cuando un meteoroide choca con la atmósfera de la Tierra, empieza a quemarse. Eso es lo que produce la veta brillante de luz, y allí es cuando el nombre del meteoroide cambia a *meteoro* o estrella fugaz. A cualquier pedazo que sobreviva ese viaje ardiente a través de la atmósfera y aterrice en la Tierra se le vuelve a cambiar el nombre. Se le llama *meteorito*.

Unas cincuenta toneladas de roca espacial chocan contra la atmósfera de la Tierra todos los días. ¿Por qué no las vemos? Bueno, la mayoría es muy pequeña. Otra parte cae en los océanos. Y otras caen durante el día, cuando no podemos ver su luz.

Las estrellas fugaces son hermosas, pero no duran. Algunas amistades pueden ser así también. Cuando un amigo tiene un mal día, comete un error, no está de acuerdo contigo o necesita más de tu tiempo, es fácil dejar que esa amistad se «queme» como un meteorito que pasa por la atmósfera. No seas la clase de amigo que «pasa volando» por la vida de alguien y desaparece cuando la cosa se pone difícil. Sé un amigo verdadero. Alguien que esté ahí en los buenos momentos, los malos momentos y todos los que están en el medio. Después de todo, Jesús es esa clase de amigo para ti.

Señor, siempre me escuchas, siempre me ayudas y siempre te interesas. Ayúdame a ser un amigo como tú. Amén.

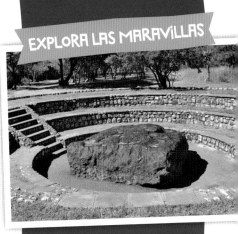

meteorito Hoba en Namibia

El meteorito más grande que se encontró en Estados Unidos es el meteorito Willamette. Descubierto en 1902, está formado de hierro y pesa más de quince toneladas. Sin embargo, parece una piedrecita comparado con el meteorito Hoba que se encontró en Namibia. Este mide unos tres metros de largo, tres metros de ancho y un metro de espesor, y pesa más de 66 toneladas... ¡más o menos lo mismo que diez elefantes africanos enormes!

SIN AIRE

Al ver a las multitudes, tuvo
compasión de ellas...

MATEO 9:36

Estás driblando la pelota de fútbol por la cancha mientras tu amigo intenta quitártela. Lo esquivas, giras, y ¡bam! El codo de tu amigo te pega justo en el estómago. De repente, no puedes respirar. *En absoluto.* ¿Qué sucede?

Te dejaron sin aire. Esto puede suceder cuando te dan un puñetazo en el estómago o si te caes y aterrizas con mucha fuerza sobre la espalda. El problema está en el diafragma. Es un músculo grande debajo de tus pulmones que te ayuda a respirar. Un puñetazo o una caída fuerte puede hacer que se

contraiga o se cierre. Más o menos como cuando haces un puño con la mano. Y cuando eso sucede, no puedes respirar por un momento. No te asustes: no es serio, aunque en el momento lo parezca. Recoge las rodillas hacia el pecho y respira despacio y profundo.

A veces, ver a otros que están sufriendo también nos deja sin aire. Eso se llama compasión. Jesús la sintió cuando vio a multitudes de personas que no conocían a Dios. Pero no se conformó con sentirse mal por ellas y después se fue. ¡Las sanó y las ayudó! Después, envió a sus discípulos a enseñarles a otros sobre Él. Ahora, nosotros somos parte de esos discípulos (Mateo 28:19).

¿Qué te deja sin aire? ¿Tal vez los niños sin hogar, los animales en refugios o la Tierra de Dios maltratada como si fuera un gran basurero? Sea lo que sea, Jesús te envía a que hagas algo al respecto.

Dios, dame compasión por otros y envíame a llevar tu luz y tu amor a nuestro mundo. Amén.

EXPLORA LAS MARAVILLAS

Los expertos dicen que respirar profundamente a través del diafragma ayuda a relajarse, disminuye los latidos del corazón y elimina el estrés. Además, limpia las toxinas de tus pulmones y hace que te llegue más oxígeno al cuerpo. Para practicar, respira por la nariz hasta que tu estómago y tu pecho se expandan. Llena tus pulmones hasta el tope de aire. Lentamente, suelta el aire por la boca. Después, ¡sigue respirando!

¿UNA PIÑA QUE CAMINA?

… Dios fortalece mi corazón…

SALMOS 73:26

¿**E**s eso una piña que camina? ¡No! Es un alcaucil con cola. Espera, no. ¡Es un *pangolín*! Los pangolines viven en Asia y en África, y tal vez sean una de las criaturas de aspecto más raro que vayas a ver en tu vida. El pangolín está cubierto de escamas, así que tal vez lo confundas con un reptil. Sin embargo, es un mamífero; el único mamífero con escamas.

Esas escamas están hechas de una queratina superfuerte. Es el mismo material del cual están hechas tus uñas. Las escamas cubren todo su cuerpo menos la barriga, la nariz, los ojos y las orejas. Cuando el pangolín se siente vulnerable o amenazado, se enrolla formando una pelotita. Sus escamas

fuertes forman una armadura que es prácticamente imposible que sus enemigos atraviesen. ¡Hasta los leones se dan por vencidos y se van! *Vulnerable* es una palabra grande, y es un sentimiento grande. Es la manera en que nos sentimos cuando nos amenazan o tenemos miedo de que nos lastimen. Tal vez nos asusta que se burlen de nosotros o que nos traten mal. O quizás no queremos enfrentar algún error que cometimos. Tan solo queremos hacernos una bolita y escondernos. Eso le funciona genial al pangolín, pero no es un buen plan para nosotros. Tenemos que buscar ayuda: de Dios, de la familia y de amigos. No fuimos creados para enfrentar solos nuestras preocupaciones y temores. Los amigos pueden consolarnos, los adultos pueden ayudarnos y Dios siempre está ahí para llenarnos de su fuerza. Si te sientes vulnerable, no te hagas una bolita y te escondas como el pangolín. En cambio, pide ayuda.

Dios, cuando quiera hacerme una bolita y esconderme, ayúdame a ser valiente y pedir ayuda. Amén.

EXPLORA LAS MARAVILLAS

Los pangolines comen muchísimas hormigas y termitas... ¡tanto como 200.000 por día! Después de olfatear un nido, el pangolín lo abre con sus garras. Para protegerse de los insectos enojados, cierra no solo sus ojos sino, también los oídos y la nariz. Después, mete su lengua superlarga y pegajosa en el nido y chupa todos los bichos. Esa lengua puede alcanzar 40 centímetros de largo... ¡perfecta para sorber insectos!

85

UNA AGUJA AL BRAZO

Él nos consuela en todas nuestras dificultades
para que nosotros podamos consolar a otros.

2 CORINTIOS 1:4, NTV

Hablemos de las agujas... pero no me refiero a las del reloj. Estamos hablando de las agujas que usan los médicos para inyectarte un líquido en el brazo. Estas inyecciones se llaman vacunas. Los doctores las usan para evitar que la gente se enferme. La mayoría de las vacunas contienen un poquito o una versión muy débil del virus o la bacteria que produce la enfermedad. Cuando alguien se pone la vacuna, el ejército de glóbulos blancos de su cuerpo se pone en acción —lo mismo que sucede cuando te enfermas por un virus— y se crean células de memoria (ver página 24). Entonces, si aparece el germen o virus real y vivo, esas células de memoria recuerdan exactamente cómo combatirlo.

Por supuesto, sería mejor que no hubiera gérmenes, ¿no? Es más, preferiríamos que no existieran los problemas. Pero podemos usar las cosas difíciles que nos suceden para ayudar a nuestros amigos a luchar contra todo lo malo que les pasa a ellos. Por ejemplo, cuando no nos invitaron a *esa* fiesta genial donde todo el mundo iba y descubrimos que no era el fin del mundo. Después, podemos ayudar a un amigo que se siente dejado de lado cuando tampoco lo invitan, y decirle que es especial e importante. Así como una vacuna puede ser una de las muchas cosas que ayudan a las personas a combatir las enfermedades, ¡nosotros podemos ayudar a otros a combatir sus problemas! Y si al final de la lucha, te dan una piruleta, ¡mejor todavía!

Dios, cuando tenga un problema, ayúdame a aprender de él para poder ayudar a otros cuando luchen con un problema similar. Amén.

hongo Penicillium

Los antibióticos son medicinas que también ayudan a combatir los gérmenes. No funcionan en virus, como un resfrío o la gripe. Pero sí matan las bacterias. Los antibióticos se pueden administrar con una inyección, una píldora, una crema, un atomizador o un líquido rosado y con sabor a chicle para beber. El primer antibiótico fue la penicilina. Lo descubrió Alexander Fleming en 1928. ¿A que no sabes de qué está hecho? ¡De Penicillium, también conocido como moho! *¡Qué asco!*

86

BASURA ESPACIAL

*El que tiene dos camisas debe compartir
con el que no tiene ninguna...*

LUCAS 3:11

Basura espacial... **podría ser cualquier cosa, desde partes de satélites viejos hasta un guante que haya dejado caer un astronauta.** En este momento, los científicos creen que hay más de 100 millones de pedazos de basura espacial orbitando alrededor de la Tierra. Más de 34.000 miden al menos diez centímetros de largo. Tal vez eso no parezca demasiado grande como para preocuparse. Pero, en el espacio, esas piezas

pasan volando a más de 27.000 kilómetros por hora. A esa velocidad, incluso una basurita puede atravesar trajes espaciales, dañar satélites o chocar contra una nave espacial.

Los científicos están trabajando en maneras de limpiar toda la basura. Una forma es usar una nave espacial robótica llamada *OSCaR* (Captura y Eliminación de Naves Obsoletas, por sus siglas en inglés). *OSCaR* dispara redes para atrapar satélites rotos y otros desechos. Como mide lo mismo que una caja de zapatos, los científicos quisieron enviar toda una flota de *OSCaRs* al espacio para limpiar la basura.

¿Tienes basura que ocupe lugar en tu vida? Probablemente, no sean partes descartadas de satélites, pero puede ser ropa que ya no te quede, libros que ya hayas leído o juguetes que ya no uses. O quizás tienes muchos abrigos, demasiadas camisetas o un par de zapatos que te sobre. ¿Qué puedes hacer para librarte de esas cosas? Revisa tu habitación y fíjate qué puedes donar, regalarle a alguien o reciclar. (¡Pregúntales primero a tus padres!). Tal vez no necesites esas cosas, pero pueden ser de gran bendición para otra persona. Pídele a Dios que te guíe a alguien que puedas ayudar.

Dios, me has bendecido con muchísimas cosas. Ayúdame a compartir lo que tengo con los que pasan necesidad. Amén.

En febrero de 2018, Elon Musk y su empresa, SpaceX, lanzaron un auto convertible Tesla Roadster de color rojo cereza al espacio. Lo llevaba el cohete Falcon Heavy. Atado al asiento del conductor, hay un maniquí llamado Starman [Hombre estrella]. Terminó una vuelta alrededor del sol en 557 días. La NASA declaró oficialmente el convertible de Starman un objeto celestial, en lugar de basura.

DESTACARSE ENTRE LA MULTITUD

... Yo los elegí para que salieran del mundo...

JUAN 15:19, NTV

Cuando alguien dice *tigre*, probablemente te imaginas un tigre de Bengala, con su pelaje anaranjado y blanco a rayas negras. Pero algunos tigres no tienen ese color anaranjado. Se llaman tigres blancos, y son *muy* poco comunes. Hace cientos de años, los tigres blancos vagaban por los bosques de India. Pero eran tan buscados por los cazadores y los coleccionistas, que ya no se los ve en su estado salvaje desde 1958.

Los tigres blancos *son* tigres de Bengala, pero tienen una peculiaridad en sus genes. Los genes son como las instrucciones de Dios para todas las cosas vivas. Determinan cuestiones como cuán alto serás y el color de tu cabello. Esa peculiaridad en los genes del tigre blanco cambia su pelaje anaranjado a blanco, y sus ojos de amarillo a azul. Se llama leucismo y es lo que hace que los tigres blancos se destaquen entre la multitud de tigres.

Aquellas cosas que nos hacen diferentes suelen ser las que nos hacen resaltar. Sin embargo, a veces parece mucho más fácil pasar inadvertido. Tal vez tienes miedo de que ser diferente haga que se rían de ti o te dejen de lado. Pero ¿sabes una cosa? ¡Ser como Dios te creó es *muchísimo* mejor que pasar inadvertido! Si eres un genio en matemática, sumérgete en esa división larga. ¿Te parece que el pádel es mejor que el baloncesto? Toma una paleta y ponte a jugar. ¿Quieres orar antes de comer? Pídele a un amigo que te acompañe. Dios no te hizo para que pases inadvertido. Te hizo para destacarte.

Dios, me hiciste maravillosamente distinto de todos los demás. Por favor, dame el valor para destacarme entre la multitud y ser aquello para lo cual me creaste. Amén.

EXPLORA LAS MARAVILLAS

Si visitas el lago Calcasieu en Louisiana, Estados Unidos, quizás divises a Pinky. Es un delfín albino rarísimo completamente... ¡rosa! Los animales albinos tienen una peculiaridad en sus genes que los hace nacer sin *ningún* color en su piel, pelo u ojos. Entonces, ¿por qué Pinky es rosa? Los vasos sanguíneos que tiene debajo de la piel son de un color rojizo. Como se trasparentan a través de su piel blanca, ¡el delfín se ve rosa!

LA COSTA DE LOS ESQUELETOS

... yo he venido para que tengan vida,
y la tengan en abundancia.

JUAN 10:10

¿**Q**ué le dijo el océano al pirata? ¡*Ola!* Puede ser gracioso, pero las olas alrededor de la Costa de los esqueletos, en Namibia, África, no son nada graciosas. Los vientos de tormenta nunca dejan de soplar. Azotan las olas y tuercen las corrientes del océano. Además, la niebla se pone tan densa

¡que los capitanes no saben adónde termina el agua y adónde empieza la costa rocosa! Todo eso termina en muchos naufragios.

La Costa de los esqueletos es el cementerio de barcos más grande del mundo, con los «huesos» de miles de barcos que sobresalen de la arena. Hay transatlánticos, barcos pesqueros, cañoneros, veleros e incluso un viejo galeón pirata. Sin embargo, es imposible contarlos a todos. El viento mueve constantemente las dunas de arena, ¡y cubre algunos barcos naufragados y destapa otros!

Pero en esta costa, hay más que esqueletos. Animales como rinocerontes negros, elefantes, leones, chitas, hienas, chacales, jirafas, órices, kudus, cebras y focas viven allí. Es más, es uno de los pocos lugares en la Tierra donde se encuentran todos estos animales juntos.

Dios crea una vida rica y diversa, incluso en los lugares más inesperados. Es fácil olvidarlo cuando te encuentras en uno de esos lugares «inesperados». Tal vez tu vecindario, escuela o iglesia estén llenos de personas de muchas culturas diferentes, y no estés seguro de dónde encajas. Ahí es cuando tienes que elegir: mantenerte varado en la arena o extender la mano. Habla con los que te rodean. Descubre de dónde son y cuáles son sus comidas favoritas y sus tradiciones. Cuéntales algunas de las tuyas. Puedes aprender muchísimo sobre el mundo, sobre ti y sobre Dios cuando te acercas a personas diferentes a ti; personas hechas a la hermosa imagen de Dios.

Señor, abre mis ojos para ver la riqueza y las maravillas que has colocado en todas las personas distintas que me rodean. Amén.

¿Cómo cruza un elefante la arena del desierto? ¡Con estilo! Los elefantes que viven en la Costa de los esqueletos, en Namibia, se adaptaron a su vida en el desierto. Eso incluye aprender a viajar por las grandes dunas de arena: ¡saben surfear! Después de trepar hasta la cima de una duna, usan sus patas delanteras para empujarse hacia abajo, mientras dejan que sus patas traseras se deslicen.

89

¡A PONERSE EL TRAJE!

No se preocupen por nada; en
cambio, oren por todo…

FILIPENSES 4:6, NTV

Los trajes espaciales no son tan solo disfraces increíbles. Cada traje es como una nave espacial del tamaño de una persona, porque son los trajes que usan los astronautas cuando trabajan *afuera* de la nave espacial. Ellos tienen que soportar toda la crudeza del espacio exterior, así que cada detalle es importante.

Para ponerse el traje, los astronautas primero se colocan un leotardo especial y elástico. Por dentro del traje, corre agua a través de unos tubos, para mantener al astronauta fresco. Después, viene la parte superior del traje. Tiene forma de camiseta sin mangas y es superfuerte pero liviana. Se conecta con todo el equipo de auxilio vital. Las mangas se ponen por separado y después los guantes, que tienen calefactores en su interior para mantener los dedos tibios. A continuación, se ponen los pantalones y luego, las botas. Todas las piezas de «tela» están hechas de capas resistentes al agua, al fuego e incluso a prueba de balas, ¡pero para proteger a los astronautas de la basura espacial, no de las balas! (Puedes leer sobre la basura espacial en la página 176). Los trajes son blancos para reflejar el calor del sol. Además, tienen oxígeno para poder respirar, agua para beber, y audífonos y micrófonos para hablar con otros caminantes espaciales. Todo el traje se termina con el casco, ¡que hasta tiene un pequeño bloque de poliestireno en el interior para rascarse la nariz!

Así como los astronautas necesitan ponerse el traje antes de salir al espacio, tú también debes ponerte el traje antes de salir al mundo. No te cubres con un traje espacial, sino con oración. Pídele a Dios que proteja tu corazón, tu cabeza, tus manos y tus pies. Pídele que te guíe y te guarde de toda la «basura» del mundo. Y por último, pídele que te ayude a reflejar la calidez de su amor a todos los que te encuentres. ¡No olvides ponerte el traje!

Dios, los astronautas tienen trajes que los ayudan a protegerse, pero yo tengo algo aún mejor: ¡te tengo a ti! Recuérdame «ponerme el traje» todos los días. Amén.

EXPLORA LAS MARAVILLAS

¿Recuerdas a Starman, de Elon Musk? (Si no, ve a mirar la página 177). No está usando unos pantalones vaqueros y una camiseta para dar la vuelta al sol. Usa un traje de vuelo de tripulación con la última tecnología de SpaceX. No es puro teatro. Starman está probando el traje para futuras misiones. Con su diseño impecable en blanco y negro, Starman vuela con estilo.

90

JUNO Y JÚPITER

¡No hay nadie como tú, Señor!

JEREMÍAS 10:6

Aun si se pudieran juntar todos los demás planetas de nuestro sistema solar para formar uno solo, Júpiter seguiría siendo más grande. Harían falta 1.321,3 Tierras para llenar este planeta gigante. Sin embargo, Júpiter no tiene tierra ni agua. Es una bola gigante de gases que se arremolinan; mayormente, hidrógeno y helio, como el sol.

En 2011, la NASA lanzó la nave espacial *Juno* en una misión para mirar más de cerca a Júpiter. Llegó en 2016 y, desde entonces, ha estado dando vueltas alrededor de Júpiter. Las cámaras de *Juno* —que se llaman JunoCam— pueden espiar detrás de las nubes gruesas de Júpiter para ver qué está pasando.

Gracias a *Juno,* los científicos están descubriendo cosas que no se sabían antes. Por ejemplo, los polos norte y sur de Júpiter son mucho más azules (y tormentosos) de lo que creían los científicos. Además, hay unas diez veces menos cantidad de agua de la que esperaban encontrar. Y aunque Júpiter está formado de gases, se cree que tiene un centro sólido. Los científicos esperan descubrir más a medida que *Juno* continúe su misión hasta 2025.

Aunque estamos aprendiendo más y más todo el tiempo, *nunca* descubriremos todo sobre el espacio. Y jamás descubriremos todo sobre Dios. Es demasiado grande y maravilloso para poder entenderlo. Tan solo piénsalo: el Dios que creó la Tierra, Júpiter y todo el espacio ¡te conoce y te ama *a ti*! Ante eso, solo queda una cosa por hacer: ¡alabarlo! Cae de rodillas y levanta los brazos al cielo. Canta, grita o baila... pero alábalo. ¡Porque no hay nadie como nuestro Dios!

Señor, ¡eres maravilloso, increíble! Quiero pasar toda la vida aprendiendo sobre ti, alabándote y glorificándote. Amén.

La Gran Mancha Roja es una tormenta inmensa que hace cientos de años se está formando en Júpiter. Aunque los astrónomos creen que la tormenta se está encogiendo un poquito, sigue midiendo más de 15.000 kilómetros de ancho: ¡lo suficiente como para contener a toda la Tierra! Hace poco, *Juno* descubrió que la Gran Mancha Roja tiene una profundidad de más de 300 kilómetros. La Fosa de las Marianas, la mancha más profunda de los océanos terrestres, ¡tiene «solo» once kilómetros de profundidad!

91

BIEN AFILADO

… la palabra de Dios es […] más cortante
que cualquier espada de dos filos…

HEBREOS 4:12

Con cara de motosierra, parece como si el pez sierra hubiera salido nadando de una película de terror de mala calidad. ¡Pero este pez es real! La clase más grande puede alcanzar casi ocho metros de largo. (¡Eso es más largo que tres sogas de saltar estiradas de punta a punta!).

El hocico que parece una sierra eléctrica se llama rostrum. Está todo rodeado de dientes afilados. Además, está lleno de miles de sensores que detectan cualquier impulso eléctrico que generen los peces que le encanta comer. (Es más, todas la criaturas vivientes generan pequeños impulsos eléctricos, ¡incluso tú y yo!). El pez sierra usa estos sensores para localizar a su presa. Después, con un rápido movimiento de su sierra, corta su comida. ¡A la mesa!

Lo más probable es que no tengas una sierra en la cara, pero sí tienes algo que te ayuda a cortar; no a cortar peces, sino las mentiras del diablo. Verás, prácticamente todo lo que el diablo dice es una mentira (Juan 8:44). Pero Dios te da un arma —una espada— para pelear contra estas mentiras (Efesios 6:17). Se trata de la Biblia. Cuando lees sus palabras, te muestra lo que es realmente verdad. Atraviesa las mentiras para que no te puedan lastimar.

Por ejemplo, imagina que el diablo te dice la mentira de que *todo el mundo hace trampa en los exámenes.* O *Es tan solo una mentirilla. ¿A quién puede lastimar?* Corta estas mentiras con la verdad de Éxodo 20:15 y Colosenses 3:9. (Busca estos pasajes y léelos). ¡Las mentiras del diablo no pueden hacerle frente a la espada de la verdad de Dios!

Dios, cuando el diablo me mienta, muéstrame la verdad en tu Palabra que me ayude a cortar toda mentira. Amén.

EXPLORA LAS MARAVILLAS

La capacidad del pez sierra de detectar los pequeños impulsos eléctricos de su presa se llama electrorrecepción, y los tiburones también la tienen. Unos pequeños sensores en la cara del tiburón pueden detectar hasta los movimientos más leves, incluso el latido del corazón. La electrorrecepción solo funciona a un metro de distancia aproximadamente. ¡Pero ayuda al tiburón a asegurarse de atrapar su bocadillo!

92

¿QUIÉN TE DA FORMA?

Crea en mí, oh Dios, un corazón limpio…

SALMOS 51:10

Si caminas por el Parque Nacional White Desert, tal vez te **parezca que estás en la luna en lugar de Egipto.** Kilómetros y kilómetros de arena blanca están salpicados de formaciones inmensas de rocas calizas. Al amanecer o atardecer, todo ese blanco refleja los tonos anaranjados y rosados del cielo. Y durante las noches de luna llena, este desierto blanco parece algo sacado del Ártico nevado.

Ubicado en el Sahara, el Desierto Blanco tiene más rocas esculpidas que cualquier otro desierto en el mundo. Una se parece a un conejo gigante que

está intentando escaparse a los saltos. Otra se llama «Pollo y seta». Se parece realmente a un pollo gigante sentado debajo de una seta incluso más grande.

¿Qué creó estas formas tan interesantes? El viento. Poco a poco, año tras año, el viento fue carcomiendo las rocas calizas. Y así quedaron algunas de ellas con las formas más interesantes y locas del mundo.

El viento formó las rocas de este desierto blanco, pero ¿qué, o quién, te está formando a ti: tu manera de pensar, las palabras que dices y las cosas que haces? Muchas personas persiguen «cosas» que quisieran tener, se preocupan por cómo se ven y se preguntan si serán mejor que los demás. Permiten que les den forma los celos, el egoísmo y el orgullo. Si dejas que estas cosas te formen, probablemente no te guste cómo quedas. Incluso las personas y las cosas buenas de este mundo no son perfectos. Solo Dios es perfecto, y solo Él puede formarte a la perfección. Lee Su Palabra. Háblale. Y confía en Él para que te transforme en la persona que quiso que fueras.

Señor, fórmame, cámbiame y hazme exactamente como tú deseas. Amén.

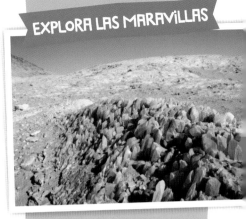

Montaña de cristal en Egipto

Una cuadrilla que construía una carretera en el Desierto Blanco encontró algo increíble: ¡una montaña hecha casi totalmente de cristal! Ahora se llama Montaña de cristal, y en realidad, es más como una colina grande. Está formada por al menos doce clases distintas de cristales. ¡Incluso tiene un arco de cristal lo suficientemente grande como para pararse abajo!

¡NO TE PONGAS «HAMBRUÑÓN»!

Por su gracia [Dios] nos hizo justos...

TITO 3:7

Es sábado por la mañana y le contestas mal a tu hermana sin razón, le gruñes al perro y después te arrojas sobre el sofá porque está lloviendo y no puedes ir afuera. ¡Estás enojadísimo! De repente, te retumba el estómago tan fuerte que el perro ladra. Entonces, recuerdas que olvidaste desayunar. No solo estás gruñón; también estás hambriento. Estás *hambruñón*.

Esta mezcla de enojo y hambre no es tan solo una mala actitud. Hay algo real que sucede en tu cuerpo. Una de esas cosas tiene que ver con la energía. Cuando comes, el cuerpo transforma el alimento en azúcares simples para usar como energía. Entonces, cuando tienes poca energía, tu cerebro piensa que estás en problemas y envía un químico de «lucha o huida» llamado adrenalina. Cuando estás hambruñón, te resulta más difícil controlar tus emociones, y te enojan cosas que normalmente no te molestan. ¿Cuál es la cura? ¡Comer algo!

A veces, la gente actúa con enojo cuando, en realidad, hay algo más detrás. Tal vez está hambrienta, cansada o preocupada por algo. Si un amigo te habla mal sin ninguna razón, no le contestes mal también. Intenta ponerte en sus zapatos. (No me refiero a que le quites los zapatos. ¡Eso lo haría enojar aún más!). Pregúntate qué más podría estar sucediendo y cómo puedes ayudar. Ofrécete a compartir un bocadillo y escucha. Dale una segunda oportunidad. Eso se llama gracia, y Dios te da muchísima gracia todos los días. Haz lo mismo y dales a los demás esa gracia que Dios te regala.

Dios, cuando otros se equivoquen, ayúdame a ofrecerles gracia, así como tú me la ofreces cuando yo me equivoco. Amén.

EXPLORA LAS MARAVILLAS

A los humanos, no nos gusta pasar mucho tiempo sin comida. Nos podemos poner «hambruñones» con rapidez. Pero algunos animales pueden pasar semanas o incluso meses sin nada para comer. Y después está el proteo. ¡Esta criaturita que habita en cuevas puede sobrevivir más de diez años sin comer!

VEO, VEO, UN OJO GIGANTE

—Yo soy el camino, la verdad y la vida —le contestó
Jesús—. Nadie llega al Padre sino por mí.

JUAN 14:6

En lo profundo del desierto del Sahara hay un ojo gigante… ¡es **tan grande que se puede ver desde el espacio!** Eso se llama… el Ojo del Sahara. *¡Tan-ta-taaaaan!*

Bueno, en realidad, no es un ojo. Es un cráter de cuarenta kilómetros de ancho que *parece* un ojo. Se formó hace mucho, mucho tiempo por una erupción volcánica inmensa que empujó la tierra hacia arriba. Más adelante, la tierra volvió a derrumbarse, y el viento y el agua la erosionaron o desgastaron. Los anillos azules vienen de los minerales derretidos por esa erupción, y el centro pálido es de roca volcánica.

La gente de la zona hace mucho que sabe sobre el Ojo. Pero el resto del mundo no lo conocía, hasta que los astronautas a bordo del *Gemini IV* lo fotografiaron desde el espacio en la década de los sesenta. Hoy en día, pasar volando por encima del Ojo en un globo aerostático es algo muy popular para turistas y científicos. Y los astronautas de hoy siguen buscando ese ojo inmenso... el cual resalta en medio de toda la arena como una señal que los ayuda a navegar.

El Ojo del Sahara

Navegar significa mantener un barco, un avión o incluso a una persona en la dirección correcta. Es lo que Jesús hace por nosotros. Nos muestra por qué camino ir. Porque, a lo largo de nuestras vidas, tenemos muchas decisiones que tomar, y no siempre es fácil saber qué escoger. Como cuando tienes que decidir si vas al partido de baloncesto o a la iglesia, si pasas tiempo con amigos o ayudas a tu abuela con el jardín como prometiste, si gastas todo tu dinero en un juego nuevo o guardas algo para darle a Dios. Habla con Jesús. Lee sobre las decisiones que Él tomó, y te ayudará a navegar tus decisiones todos los días.

Señor, hay muchísimas decisiones para tomar, y es difícil tomar buenas decisiones sin ti. Ayúdame a elegir lo que tú elegirías. Amén.

EXPLORA LAS MARAVILLAS

En árabe, *Sahara* significa «desierto». Así que cuando decimos: «desierto de Sahara», en realidad estamos diciendo: «desierto de desierto». El Sahara es el desierto cálido más grande del mundo; solo los desiertos fríos de la Antártida y el Ártico son más grandes. Se extiende en una superficie de 9.400.000 kilómetros cuadrados. ¡Eso es apenas más chico que todo Estados Unidos! En verano, las temperaturas en el Sahara rondan los 37 grados centígrados, ¡pero la temperatura más alta que se registró fue 51 grados en 2018!

SUPERSENSIBLE

Traten a los demás tal y como quieren
que ellos los traten a ustedes.

LUCAS 6:31

¿**A**lguna vez deseaste poder encogerte y desaparecer? Tal vez te sentías avergonzado o alguien lastimó tus sentimientos... o te daba miedo que los *pudieran* lastimar. Hay una planta que sabe exactamente cómo te sientes. Los científicos la llaman *Mimosa pudica.* (*Pudica* significa «tímida»). Pero la mayoría de las personas la llaman la planta sensible. Es una planta silvestre que crece en América del Sur y América Central. Y cuando la tocan o se siente amenazada, ¡sus hojas se doblan hacia arriba y se inclinan!

¿Por qué es tan sensible? Los científicos creen que es una especie de autodefensa. Con sus hojas suaves y flores rosadas en forma de globo, la planta sensible parece deliciosa para los animales hambrientos y que buscan un bocadillo. Sin embargo, el movimiento repentino de sus hojas asusta a la mayoría de los que se la podrían comer.

A veces, nosotros podemos ser un poco sensibles. Si alguna vez se han reído de ti, te han dejado de lado o si alguien te lastimó, ya sabes que no es nada divertido. Entonces, al igual que la planta sensible, a veces nos escondemos de las personas y las amistades nuevas porque no queremos arriesgarnos a que nos vuelvan a lastimar. El problema es que cuando no estamos dispuestos a arriesgar un poquito, nos perdemos todo lo bueno que podría venir de esas nuevas amistades. Lo mejor es dejar de pensar en nosotros y pensar en cambio en la otra persona. Porque lo más probable es que ella también tenga miedo de arriesgarse. Pregúntate cómo te gustaría que la otra persona se acercara a ti... y después haz lo mismo. Es cierto, es un poco arriesgado, ¡pero también está lleno de posibilidades maravillosas!

Dios, ayúdame a no esconderme de los demás, sino a acercarme a ellos y ofrecerles mi amistad. Amén.

EXPLORA LAS MARAVILLAS

La luz del sol pone feliz a la planta del telégrafo. Tan feliz que se pone a bailar cuando el sol ilumina sus hojas. Baila para acercarse a la luz. Pero a esta máquina de bailar llena de hojitas verdes también le encanta moverse con la música, y por eso se la apoda la «planta bailarina». Los científicos no están completamente seguros de por qué la música la hace moverse... ¡tal vez sea que algunos de nosotros fuimos creados para bailar!

¡A LA LUNA!

Pero ustedes, ¡manténganse firmes y no bajen la
guardia, porque sus obras serán recompensadas!

2 CRÓNICAS 15:7

Apollo 11 aterrizó en la luna el 20 de julio de 1969, y Neil Armstrong se transformó en el primer hombre en pisarla. Él hizo que pareciera fácil. Pero llegar a la luna no fue para nada sencillo.

En 1961, el presidente John F. Kennedy anunció el objetivo de llevar al hombre a la luna antes de que terminara la década. Así que los científicos de la NASA se pusieron a trabajar. Primero, intentaron hacer llegar una sonda llamada *Ranger 3* a la luna. Sin embargo, le pasó por al lado. Los instrumentos del *Ranger 4* no funcionaron. El *Ranger 5* y el *Ranger 6* perdieron potencia. ¡Por fin, el *Ranger 7* fue todo un éxito! Pero ese fue tan solo el primer paso. A continuación, la NASA tuvo que resolver cómo llevar al hombre al espacio y traerlo de vuelta a la Tierra. Después, cómo hacer aterrizar una nave espacial en la luna y que pudiera despegar otra vez. Por cada paso, había muchos fracasos. Los científicos de la NASA tuvieron que perseverar. Eso significa que nunca se dieron por vencidos. Siguieron aprendiendo de cada fracaso hasta que, por fin, Armstrong dejó su huella en la luna. Y cuando lo hizo, ¡todos los empleados de la NASA en el centro de control (junto con el resto del mundo) festejaron!

Tal vez ya te hayas dado cuenta, pero a veces vas a fallar. Fallar en una prueba, en un partido, a la hora de ser un buen amigo, incluso al seguir a Dios. Pero esa clase de fracaso solo es un fracaso si te das por vencido. *Persevera.* Aprende de tus errores. Pide disculpas. Haz los cambios necesarios. Vuelve a intentar. Pero nunca te des por vencido; en especial, en cuanto a seguir a Dios. Después de todo, ¡Él nunca se da por vencido contigo!

Señor, cuando las cosas se ponen difíciles o simplemente no funcionan, ayúdame a aprender de mis errores y seguir avanzando. Amén.

Las naves espaciales han avanzado muchísimo desde aquellos años de la NASA. Una empresa llamada Relativity Space está planeando lanzar su primer cohete. Lo llaman *Terran 1*, y su misión será entregar satélites para que orbiten en el espacio. Pero lo que hace que *Terran 1* sea especialmente genial es que todo el cohete fue impreso con unas impresoras 3-D especiales que imprimen con metal.

UNA BUENA SIESTA

Al acostarte, no tendrás temor alguno;
te acostarás y dormirás tranquilo.

PROVERBIOS 3:24

Cuando era pequeño, me encantaba el béisbol y estar con mis amigos. ¿Sabes qué no me gustaba? La siesta. Es decir, ¿quién quiere detener la diversión para descansar? Pero en algunos países, a la gente le encanta dormir la siesta. En Estados Unidos le dicen *nap*. Y en Japón se llama *inemuri*. Algunas empresas japonesas tienen salas de siesta llenas de sofás y camas. Unas cuantas empresas norteamericanas están empezando a promover la siesta también.

¿Por qué todo este alboroto con la siesta? Bueno, la NASA hizo un estudio para descubrirlo. Encontraron que cuando los astronautas dormían una siesta breve, estaban más contentos, eran más creativos y se mostraban más alertas al despertarse. Sin embargo, hay una manera correcta de dormir la siesta. Los científicos dicen que las mejores siestas son las cortas, las que duran entre veinte y treinta minutos. Si duermes más, puede ser difícil despertarse.

Hay una historia en la Biblia sobre una vez en que Jesús durmió una siesta. Él y sus discípulos estaban en un barco en el mar de Galilea. De repente, se desató una tormenta terrible y los discípulos estaban aterrorizados. Pero Jesús no estaba preocupado. Es más, había tomado una almohada y se había dormido profundamente. ¿Cómo podía Jesús dormir con semejante tormenta? Porque sabía que su Padre tenía el control y los estaba cuidando (Marcos 4:35-41). Así que, ya sea que en tu mundo haya tormentas o sol, puedes descansar sabiendo que Dios te está cuidando.

Entonces, quizás las siestas no sean algo tan malo. Es más, tal vez tome una pequeña siesta ahora mismo... zzzz.

Señor, gracias por cuidarme siempre, para que pueda descansar sin temor. Amén.

EXPLORA LAS MARAVILLAS

Las cápsulas de siesta están apareciendo por todas partes en bibliotecas, universidades y hospitales. No es una invasión... ¡es una nueva manera de dormir! Estas cápsulas están construidas como una especie de burbuja y tienen el tamaño perfecto para que una persona pueda dormir. Tan solo te metes, te estiras y te tapas con una cobija. Hay música suave que te ayuda a dormirte, y una luz tenue y un movimiento tranquilo que te despiertan.

SI TÚ TIENES MUCHAS GANAS DE REÍR

Este es el día en que el Señor actuó;
regocijémonos y alegrémonos en él.

SALMOS 118:24

¿Cómo muestras que estás contento? Si eres un gato, ronroneas. Si eres un perro, sacudes la cola. Y si eres un conejo, usas tus mejores movimientos de *binky*. Leíste bien: *binky*. Cuando los conejos están contentos hacen un salto muy loco conocido como «binky». Cada conejo tiene el suyo, pero es una especie de salto con giro y patadita en el aire, y después dan unos saltitos al aterrizar. ¡Algunos conejos alcanzan casi un metro en el aire con este salto! Si miras a un conejo hacer su *binky*, su felicidad es contagiosa.

Así que volvamos a la primera pregunta: ¿cómo muestras *tú* que estás contento? Es cierto, hay días difíciles, pero también hay días maravillosos cuando todo parece salir como querías. Te despiertas y encuentras tu desayuno favorito, te va bien en un examen y encuentras dinero en un bolsillo. Hay días en los que Dios te bendice con la oportunidad de ayudar a un amigo o de aprender algo nuevo sobre Él. Y también hay días ni tan buenos ni tan malos, que pueden ser maravillosos porque puedes compartirlos con el Señor. Entonces, ¿cómo le muestras al mundo que la vida es buena? Sonríe, canta, silba o baila... cualquier cosa que te resulte «feliz». Tan solo asegúrate de agradecerle a Aquel que te dio todas esas razones para estar contento. Alábalo, di una oración de gratitud y cuéntale a alguien cuán bueno es Dios contigo. Y además, si tienes ganas, haz un *binky* o dos: ¡al mejor estilo conejo!

Señor, gracias por todas las maravillas, la diversión y la felicidad que derramas sobre mis días. Amén.

EXPLORA LAS MARAVILLAS

Comparte tu felicidad al ayudar a alguien a sentirse feliz también. Recuerda estos tres pasos sencillos todos los días: (1) haz algo para hacer feliz a Jesús, (2) haz algo para hacer feliz a otra persona, y (3) haz algo que te haga feliz a ti. Aquí tienes un secretito: cuando ayudas a los demás, no solo los haces felices a ellos, ¡sino que Jesús y tú también se alegran!

DEMASIADAS CONDICIONES

El que cree en el Hijo tiene vida eterna…

JUAN 3:36

Tornados de fuego, vientos derechos… ¿qué más puede tener la naturaleza debajo de la manga? ¡Volcanes de hielo, por supuesto! Pero no te preocupes, no son peligrosos. Simplemente, son geniales. Y también fríos. ¡Muy, *muy* fríos!

Los volcanes de hielo pueden formarse en las costas de lagos grandes, como el lago Michigan, si las condiciones son las indicadas. Las temperaturas deben permanecer por debajo de los cero grados centígrados durante días y días. Esas temperaturas heladas crean una capa fina de hielo cerca de la costa. Si el viento sopla con olas lo suficientemente poderosas, chorros de agua pueden estallar a través de esa capa de hielo en ciertos lugares. Después, si el aire es lo suficientemente frío, las gotas de agua se congelan alrededor del hoyo por el que salieron. Con el tiempo, el agua helada crea una forma de cono que se parece a un volcán en miniatura hecho de hielo.

Si las temperaturas son las indicadas, *si* el viento es poderoso, *si* las olas son fuertes, entonces puede surgir un volcán de hielo. Demasiadas condiciones. Algunos creen que para llegar al cielo hay que cumplir con muchas condiciones. *Si* obedeces todas las reglas, *si* nunca te equivocas, *si* te esfuerzas mucho, entonces tal vez vaya al cielo. Pero Dios no se maneja con condiciones. A Él le gustan las promesas. Cree que Jesús es su Hijo (Juan 3:36), ámalo y síguelo (Juan 12:26), y Él se encargará de llevarte a casa con Él en el cielo (Juan 14:3). No hay tantas condiciones.

Señor, gracias por ser un Dios de promesas. ¡Sé que puedo confiar en que cumplirás cada una de ellas! Amén.

En el país de Kazajistán se formó un volcán de hielo de trece metros de alto. A diferencia de la mayoría de los volcanes de hielo que se forman con agua helada, este se forma sobre aguas termales. Chorros de aguas termales hacen erupción a través del cono hueco, se congelan y vuelven a caer sobre el hielo, ¡haciendo que su torre crezca cada vez más!

LA GRAN CONJUNCIÓN

Desde el principio del mundo, ningún oído ha
escuchado, ni ojo ha visto a un Dios como tú,
quien actúa a favor de los que esperan en él.

ISAÍAS 64:4, NTV

Imagina que Júpiter y Saturno están corriendo una carrera alrededor del sol. Pero Júpiter es mucho más rápido que Saturno. A Júpiter, le lleva doce años terrenales dar la vuelta, u orbitar, al sol, mientras que a

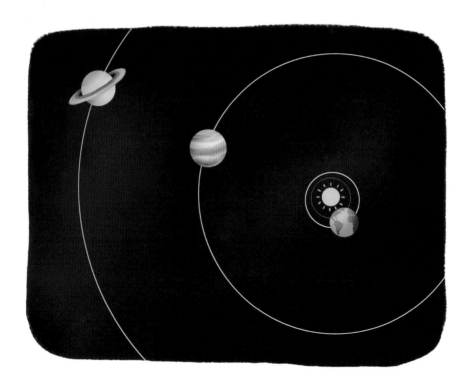

Saturno le lleva unos treinta años. Así que, cada veinte años, Júpiter lo alcanza. Durante una noche, parecen estar lado a lado. Claro, eso es si los miras desde la Tierra. En realidad, todavía están a más de 700 millones de kilómetros de distancia entre sí.

Cuando dos cuerpos celestiales (como los planetas, las lunas y las estrellas en el cielo) se unen de esa manera, se le llama conjunción. Cuando los dos cuerpos más grandes de nuestro sistema solar, Júpiter y Saturno, se unen, a eso se le llama Gran Conjunción.

Así como Saturno y Júpiter siempre giran alrededor de sus órbitas, Dios siempre está obrando en el universo, en el mundo y en tu vida. No hay un segundo en toda la eternidad en que Dios no esté presente. A veces, su obra es invisible para ti, pero de vez en cuando Dios irrumpe en la historia de tu vida de una manera poderosa y llena de milagros... ¡una gran conjunción! Quizás sea en la manera en que responde una oración o en cómo hace que lo imposible sea posible. O tal vez sea de una forma grande, prominente e indescriptiblemente maravillosa que jamás habrías imaginado. No obstante, algo es seguro: Él siempre está ahí y siempre está obrando. Así que ¡mantén los ojos abiertos y alertas para ver tu próxima gran conjunción con Dios!

La carrera que juegan Júpiter y Saturno alrededor del sol no es un círculo perfecto. Así que, algunos años, la Gran Conjunción sucede más cerca de la Tierra, y los planetas brillan con mayor fulgor. La última vez que pasó fue el 1 de diciembre de 2020, y pude verla con mis propios ojos; ¡fue increíble! ¡La Gran Conjunción no estará tan cerca otra vez hasta dentro de 400 años!

Señor, tú solo eres Dios... ¡y no hallo la hora de ver lo que harás con la historia maravillosa de mi vida! Amén.

ÍNDICE

LOUiE GiGLiO es el pastor de la iglesia Passion City, y el visionario original del movimiento Passion, que existe con el fin de llamar a una generación a utilizar sus vidas para hacer famoso a Jesús. Desde 1997, Passion ha reunido a jóvenes de edad universitaria en eventos, en todo Estados Unidos y por el mundo, y sigue viendo cómo personas de entre 18 y 25 años llenan localidades en toda la nación. Hace poco, Passion recibió a 700.000 personas de más de 150 países en línea en Passion 2021. Además de las conferencias de Passion, Louie y su esposa, Shelley, lideran los equipos en la iglesia Passion City, sixstepsrecords, Pashion Publishing y el Instituto Global Passion. Louie es el autor de los éxitos de ventas *No le des al enemigo un asiento en tu mesa, Nunca olvidado, Goliat debe caer, Indescriptible, Cuán grande es nuestro Dios* y *El regreso*. Louie y Shelley viven en Atlanta, Georgia, en Estados Unidos, con su goldendoodle llamado London.

NiCOLA ANDERSON ha sido ilustradora y diseñadora gráfica desde que pudo sostener un crayón en sus manos, pero trabaja profesionalmente desde 2001. Después de muchos años de trabajo en la industria del diseño, ahora crea mundos imaginarios desde su estudio en casa, AndoTwin Studio, en Manchester, Reino Unido. Durante este tiempo, ha trabajado con una gran variedad de clientes, ¡y ha disfrutado cada minuto!